SONJA BROCKSIEPER

Mit Liebe bewaffnet

Wie wir unsere herausfordernden Kinder annehmen

SCM
Hänssler

SCM

Stiftung Christliche Medien

SCM Hänssler ist ein Imprint der SCM Verlagsgruppe, die zur Stiftung Christliche Medien gehört, einer gemeinnützigen Stiftung, die sich für die Förderung und Verbreitung christlicher Bücher, Zeitschriften, Filme und Musik einsetzt.

Max-Eyth-Straße 41 · 71088 Holzgerlingen
Internet: www.scm-haenssler.de; E-Mail: info@scm-haenssler.de

Lektorat: Mirja Wagner, www.lektorat-punktlandung.de
Umschlaggestaltung: Sybille Koschera, Stuttgart
Titelbild: copyright: Imgorthand, istock
Satz: typoscript GmbH, Walddorfhäslach
Druck und Bindung: Drukarnia Dimograf
Gedruckt in Polen

ISBN 978-3-7751-6043-8
Bestell-Nr. 396.043

Für Jan, Tom und Micha

Ihr habt mein Herz weiter gemacht und mich gelehrt,
was bedingungslose Liebe bedeutet.

INHALT

ALLES HAT SEINEN ANFANG

Als ich vor über zwanzig Jahren mit meinem ersten Sohn schwanger war, hätte ich nicht gedacht, dass ich mir meine Liebe zu meinem Kind mal werde erkämpfen müssen. Denn vom ersten Moment an war dieses Kind gewollt, und ich habe mich darauf gefreut, mein Baby in den Armen zu halten und es ins Leben zu begleiten. Die Verantwortung für einen kleinen Menschen zu tragen, der ein Teil von mir selbst ist, hat mich mit Ehrfurcht erfüllt. Ich wollte es gut machen: mein Kind fördern, lieben und ihm die besten Rahmenbedingungen für eine gute Entwicklung schenken.

Als unser Sohn Jan dann auf der Welt war, waren die Glücksgefühle groß. Das erste Kennenlernen im Kreißsaal war geprägt von einer erschöpften Dankbarkeit für dieses Wunder. Ich war sofort verliebt – in sein Gesicht, seine zarten, langen Finger, die neugierigen Augen, seine Nase mit den großen Nasenlöchern, die warme Haut. Mein Kind war perfekt, und ich war bereit, dieses Kind durchs Leben zu tragen – durch dick und dünn. Und so machten wir uns auf ins Abenteuer Familie. Jan entwickelte sich super. Er fing an zu lächeln, zu plappern, zu krabbeln, zu laufen und zu sprechen. Er stellte ohne Ende Fragen und brachte uns mit seinem Humor und seiner Kreativität sehr oft zum Lachen. Es gab unzählige Glücksmomente, in denen mein Mann und ich begeistert waren, was in diesem kleinen Kerl alles so drinsteckte.

Mit der Zeit fiel uns und anderen Menschen aber auch auf, dass Jan anders war als andere Kinder. Viel Krach und Action überforderten ihn oft, sodass er schnell gereizt reagierte, wenn zu viele Eindrücke auf ihn einstürmten. In solchen Situationen bekam ich einfach keinen Zugang zu ihm – es war wie eine Wand zwischen uns. Und gleichzeitig hatte er einen ziemlich starken Willen, den er um jeden Preis durchsetzen wollte. Beim Kinderarzt entsprach er motorisch nicht ganz dem Standard, aber nur ein bisschen. Irgendwie beunruhigend, aber das kriegen wir schon hin. Im Kindergarten erzählten die Erzieherinnen, dass er sich in das Gruppengeschehen oft nicht so gut einordnen konnte und meistens lieber allein seine eigenen kreativen Spielideen spielte.

In der Schulzeit wurden die Herausforderungen Schritt für Schritt größer. Obwohl er ein schlauer Kerl war, war der Schulalltag mit all seinen Regeln und Anforderungen nicht leicht für ihn. Das, was bisher nur ein bisschen anders war, wurde mehr und mehr zum Problem. Und so dominierten Machtkämpfe den Alltag – wegen Hausaufgaben, ungepackter Schultaschen, Medienzeiten und den vielen anderen klassischen Konflikten. Alles wurde infrage gestellt und Absprachen oft nicht akzeptiert. Damit konnte er mich wirklich zur Weißglut bringen. Ich kam immer mehr an meine Grenzen und fühlte mich überfordert – und das, obwohl ich doch als Pädagogin auch einiges an Fachwissen mitbrachte.

Als mein Sohn elf Jahre alt war, fuhren mein Mann und ich zu einem Teenagerseminar, weil wir uns auf die so herausfordernde Teenagerzeit vorbereiten wollten. Dort wurde mir klar, wie belastet meine Beziehung zu Jan war – und damit auch die ganze Familienatmosphäre. Unbewusst hatte ich meinem Sohn die Verantwortung für all unsere Probleme zugeschoben. Wenn er sich doch einfach mal an unsere Regeln halten würde, dann wäre alles entspannter bei uns und wir hätten nicht ständig diesen Stress miteinander. Jan entsprach an manchen Stellen nicht meinen Erwartungen und meine Versuche, ihn in die richtige Bahn zu lenken, zermürbten uns mehr und mehr. Ich verstand damals, dass sich mein Kind unter diesen Voraussetzungen nicht angenommen fühlen konnte.

Dabei brauchte er doch meine bedingungslose Liebe so sehr. Was war nur all die Jahre mit uns passiert, dass Jan sich meiner Liebe nicht sicher sein konnte? Woran lag es, dass meine Träume von einem glücklichen, entspannten Familienleben nicht in Erfüllung gegangen waren?

Mittlerweile bin ich davon überzeugt, dass viele Eltern an genau diesem Punkt sind, an dem ich damals gewesen bin. Väter und Mütter lieben ihre Kinder. Sie tun ihr Bestes, damit diese sich zu großartigen Persönlichkeiten entwickeln. Und dann verläuft das Familienleben und die Entwicklung eines oder mehrerer ihrer Kinder anders, als sie es erwartet haben.

In der Folge verlieren diese Eltern schnell den Blick für den kostbaren Kern ihres Kindes, das sie so sehr herausfordert, und können oftmals nur noch auf einer emotional belasteten Ebene mit ihm kommunizieren. Meistens wird dann die Verantwortung dafür dem Kind zugeschoben. So oft höre ich Erwachsene sagen: »Das ist aber ein schwieriges Kind.« Eine vertrauensvolle Beziehung, die von Wertschätzung und Offenheit geprägt ist, scheint kaum noch möglich zu sein, weil das Kind ja so problematisch ist. Und je älter es wird, desto verfahrener wird die Situation.

Die gute Nachricht ist: Das muss nicht so bleiben. Es gibt einen Weg der Veränderung – hin zum Herzen der Kinder. Mein ganz persönliches Herzensanliegen ist, dass Eltern eine neue Sicht für ihr Kind, das sie als schwierig empfinden, bekommen. Genauso wie Gott immer auch das Gute in uns Menschen sieht, können Eltern lernen, trotz aller Herausforderungen die kostbaren und liebenswerten Seiten mehr in den Fokus zu rücken. Ist die Beziehung aus den unterschiedlichsten Gründen belastet, ist Eltern häufig nicht bewusst, dass sie zumindest in Teilbereichen Gefühle der Ablehnung gegenüber ihrem Kind entwickelt haben. Wenn Eltern jedoch die Zusammenhänge erkennen, warum das so ist, können sie aus eingefahrenen Handlungsmustern aussteigen und einen neuen Umgang einüben. Und so möchte ich mit diesem Buch einen Weg aufzeigen, wie Eltern ihr Kind, so wie es ist, als ganze Persönlichkeit annehmen können.

Auch für mich war dieser Schritt damals ein sehr wichtiger. Nachdem ich verstanden hatte, dass die Verantwortung für die Qualität der Beziehung von meinem Sohn und mir in erster Linie bei mir lag, habe ich mich ganz bewusst für eine wertschätzende Beziehung zu ihm entschieden. Egal, was er machte, wie er sich verhielt oder wofür er sich entschied, er sollte sich meiner Liebe immer sicher sein. Mit dieser Entscheidung begann ein Prozess, der unsere Beziehung gerettet hat. Auch wenn viele Bereiche herausfordernd blieben, konnte sich mein Sohn in seinem Innersten sicher sein, dass ich ihn liebe.

In der Zwischenzeit bin ich bei meiner Seminartätigkeit vielen solcher Mütter und Väter wie mir begegnet. Wenn ich meine Geschichte erzähle, kommen sie zu mir und sagen: »Genauso geht es mir auch. Unsere Beziehung ist so schwierig. Ich bin es einfach leid, dass wir immer Stress miteinander haben.« Schwierige Beziehungen zwischen Eltern und Kindern findet man in allen Schichten. Quer durch die Gesellschaft erleben nicht wenige, dass die wertvolle Familienzeit nicht in erster Linie von Vertrauen, Spaß und Annahme geprägt ist, sondern zu einer Kampfarena wird. Im schlimmsten Fall sind die Verletzungen so groß, dass Kinder im Erwachsenenalter den Kontakt stark reduzieren und vielleicht sogar ganz abbrechen.

Ich weiß nicht, an welchem Punkt du gerade stehst. Vielleicht steckst du in einer Sackgasse, hast das Gefühl, dass dir dein Kind entgleitet, und hast deswegen nach diesem Buch gegriffen. Dann sind mein Wunsch und Gebet, dass du diesen Teufelskreis von Hilflosigkeit, Frustrationen, Enttäuschungen, Kritik und Verletzungen durchbrechen und trotz aller Hürden und Besonderheiten die Liebe zu deinem Kind (wieder) voll entfalten kannst.

Vielleicht bist du aber auch noch ganz am Anfang deiner Familienzeit und willst es, so wie ich damals, einfach nur gut machen. Dann hoffe ich, dass du in dem Buch Tipps findest, wie du dich in die Beziehung zu deinem Kind investieren kannst und nicht in die Ablehnungsfalle gerätst.

Und genauso hoffe ich, dass Familienberater, Seelsorger und Pädagogen, die Eltern begleiten, hilfreiche Gedanken finden, die Familien stärken und heil werden lassen.

Die vielen Informationen über gelingende Eltern-Kind-Beziehungen in diesem Buch werden von Fragen zur persönlichen Reflexion ergänzt. Nimm dir gerne bewusst Zeit für diese Fragen und mache dir, wenn du möchtest, auch Notizen. Diese Fragen können dich auf deinem Weg hin zum Herzen deines Kindes unterstützen und dir dabei helfen, Muster und Herausforderungen zu erkennen. Darüber hinaus findest du kleine Auszüge aus meiner Geschichte mit meinem Sohn und Erfahrungen anderer Eltern.[1] Es geht um unsere Sehnsucht nach gesunden Beziehungen in der Familie, unsere Enttäuschungen und Verletzungen und um eine bewusste Entscheidung für Annahme und Wertschätzung. »Egal, was passiert, du bist meine geliebte Tochter, mein geliebter Sohn.« Gerade in Herausforderungen ist Liebe die Waffe, die den Weg zum Herzen unserer Kinder frei kämpft.

Teil 1

Von Wunsch und Wirklichkeit

DIE SEHNSUCHT NACH FAMILIE – UND DIE REALITÄT

Die Sehnsucht nach Familie, nach intakten und stabilen Beziehungen ist so alt wie die Menschheitsgeschichte. Das Bedürfnis nach einem sozialen Umfeld, in dem wir uns angenommen und zu Hause fühlen, ist tief in uns verwurzelt. Jeder braucht einen Ort, an dem er sich fallen lassen und auftanken kann. Einen Ort, an dem Menschen sind, die er liebt und von denen er geliebt wird. Auch wenn sich familiäre Strukturen verändert haben und die klassische Kleinfamilie in unserer Gesellschaft nicht mehr der Standard ist, bleibt die Grundsehnsucht nach Familie bestehen. Nach wie vor gehören bei der Mehrheit der jungen Menschen eine Familie und Kinder zu ihren Plänen und Wünschen, wenn sie von ihrer Zukunft träumen. In der 18. Shell Jugendstudie aus dem Jahr 2019 wurde festgestellt:

> Gut zwei Drittel (68 %) aller 12- bis 25-Jährigen, die selbst noch kein Kind haben, möchten später einmal Kinder haben.[2]

Und auch unabhängig vom Kinderwunsch werden der Familie und Beziehungen eine große Bedeutung zugeschrieben:

> »Familie« und »soziale Beziehungen« sind die mit Abstand wichtigsten Wertorientierungen, die so gut wie alle Jugendlichen für sich gewährleistet sehen wollen; […] Familie stellt einen »sicheren Heimathafen« dar, der jungen Menschen Halt und Unterstützung gibt, […].[3]

Wünsche und Träume

Diese Träume von der Zukunft sind natürlich mit bestimmten Erwartungen gefüllt: ein Familienalltag, der von Spaß, Qualitätszeit, gemeinsamen Erlebnissen, Spiel, Lernerfahrungen, entspannten Mahlzeiten, Kuschelzeiten, offener Kommunikation und einem wertschätzenden Umgang geprägt ist. Wer wünscht sich das nicht? Wie schön, wenn Familien das erleben!

Die Geburt des eigenen Kindes wird in zahlreichen Biografien als einer der bedeutsamsten Momente des Lebens empfunden. Das Wunder der Geburt berührt Eltern im Innersten, weil es so existenziell ist. Nun ist da ein hilfloser, kleiner Mensch, der mit keinem so verbunden ist wie mit ihnen. Als Eltern sind sie sein Mittelpunkt, sein Hafen – und damit wächst in ihnen der Wunsch, dass dieses Kind Schutz, Liebe und Sicherheit erfährt. Ihr Traum für dieses Kind ist eine Zukunft, die positiv verläuft, mit all den Glücksmomenten. Und diese Wünsche und Träume sind gut. Sie sind der Antreiber für eine Zukunft und Motivator für das Leben. Familien werden gegründet, Kinder geboren, Werte an die nächste Generation weitergegeben.

Dabei ist Eltern in der Regel aber auch klar, dass sich ein solcher Familienalltag nicht von ganz allein einstellt, sondern dass das etwas kostet: Zeit, Engagement und Herzblut. Eltern, die sich für ein Kind entschieden haben, sind sich der Verantwortung, die sie nun tragen, sehr bewusst. Sie merken, dass sie nicht mehr nur für sich selbst sorgen müssen, sondern nun einen kleinen Menschen ins Leben begleiten – und das für viele Jahre. Manche Eltern gehen sehr entspannt an diese neue Herausforderung heran, andere vielleicht auch sorgenvoll, mit der inneren Frage, ob sie dieser Aufgabe gewachsen sind. Aber allen ist gemeinsam, dass sie diesen Job gut machen wollen. Sie lieben ihr Kind und möchten eine gute Beziehung zu ihm haben.

Dabei greifen Väter und Mütter auf ihren eigenen Erfahrungsschatz zurück, darauf, wie sie selbst Familie als Kind erlebt haben, und ziehen ihre Schlüsse. Waren es gute und bereichernde Erlebnisse und Werte, werden diese gern in der eigenen Familie aufgegriffen und lebendig gehalten. In meiner Herkunftsfamilie gab es zum Beispiel die Tradition, dass an den Geburtstagen auf einem Holzkranz eine Geburtstagskerze angezündet wurde, jedes Jahr eine Kerze mehr. Dieser Holzkranz hat mich in meiner ganzen Kindheit begleitet und mir das Gefühl gegeben, dass mein Geburtstag bedeutsam ist. Als ich dann Mama war, habe ich einen ähnlichen Kranz für meine Kinder gekauft und Jahr für Jahr Kerzen angezündet. Und so werden in allen Familien Traditionen, Rituale, Haltungen und Erziehungsstile an die nächste Generation weitergegeben.

Haben Eltern allerdings Defizite erlebt, fassen manche von ihnen den Entschluss, es ganz anders machen zu wollen. Sie möchten die Fehler ihrer Eltern auf gar keinen Fall wiederholen und ihr Kind mit all dem versorgen, was sie für wichtig halten. Das, was sie selbst als schmerzhaft erlebt haben, soll ihr Kind nicht auch erleben müssen. Im Gegenteil: Ihr Kind soll es einmal besser haben als sie selbst – und damit ist nicht allein das Materielle gemeint. Zum Glück gelingt vielen Eltern genau das auch sehr oft. Vor allem dann, wenn sie die eigene Kindheit reflektieren und aufarbeiten und auf dieser Basis gute Entscheidungen treffen. So können die Kinder der nächsten Generation von einer zugewandten Erziehung profitieren.

Wenn wir uns diesbezüglich die Entwicklungen in unserem Land innerhalb der letzten paar Jahrzehnte anschauen, dann sehen wir hier einen positiven Trend: Eltern reflektieren und investieren sich heute sehr bewusst in ihre Kinder. Autoritäre und eher gefühlsarme Strukturen, die die Nachkriegsgeneration geprägt haben, gibt es heute weniger. Stattdessen haben Warmherzigkeit und ein partnerschaftlicher Umgang in den Familien zugenommen. Während ich das schreibe, ist mir sehr bewusst, dass das nur eine allgemeine Beschreibung ist, und dass viele Kinder nach wie vor Gefühlskälte in ihrer Familie erleben. Und doch ist die allgemeine Tendenz zu mehr emotionaler Nähe zu erkennen, was auch in der Familienstudie aus dem Jahr 2017 von Tobias Künkler und Tobias Faix festgestellt wurde. Hier wurden Eltern befragt, wie sie den Erziehungsstil ihrer Eltern erlebt haben. Gerade bezüglich der emotionalen Wärme wird hier der Unterschied zwischen den Generationen deutlich.

> Die emotionale Wärme in der Erziehung hat also von der einen zur nächsten Generation deutlich zugenommen. Auch in den qualitativen Interviews berichteten die Befragten, dass sie von ihren Eltern weniger Wärme erfahren hätten, ihnen die Unterstützung gefehlt habe und dadurch oft die Beziehung kühler und distanzierter gewesen sei.[4]

Es gibt ihn also, den allgemeinen Aufwärtstrend: weg von Strenge und Kontrolle und hin zu Warmherzigkeit und Zuwendung. Gute Beziehungen und emotionale Wärme zwischen Eltern und Kindern sind heute wichtige Werte, die von Eltern angestrebt werden und die sie sich für ihren gelebten Familienalltag wünschen.

Realität des Familienalltags

Trotz all der guten Vorsätze und dem Glück über das eigene Kind ist die Realität in etlichen Familien jedoch oftmals eine ganz andere, als Eltern sie sich erträumt haben. Im normalen Familienalltag mit seinen Herausforderungen sieht vieles nicht mehr so rosarot aus wie am Anfang. Kleinere Kinder entdecken ihren eigenen Willen, sagen nicht immer Ja zu allem, sie reagieren emotional und unberechenbar. Kinder erkunden die Welt und machen dabei nicht immer das, was sie aus Sicht der Eltern tun sollen. Sie hören nicht, sie schlafen nicht, sie essen nicht. Eltern versuchen dieses Verhalten in gute Bahnen zu lenken, was je nach Temperament des Kindes und der Geduld der Eltern mal gut und mal weniger gut gelingt. Schwierig wird es jedoch an dem Punkt, an dem es eben nicht gelingt. Dann empfinden viele Eltern den Familienalltag als eine enorme Herausforderung und kommen immer mehr an ihre Grenzen. Schon so manche Mutter und so mancher Vater haben formuliert, dass sie plötzlich Reaktionsmuster bei sich festgestellt haben, von denen sie nicht wussten, dass diese in ihnen schlummern: »Ich hätte nie gedacht, dass ich mein Kind so anschreien kann. So kenne ich mich gar nicht.« Aber nicht nur emotionale Ausbrüche können die Folge sein. Manche Eltern empfinden einen regelrechten Verlust ihrer ursprünglichen Liebe ihrem Kind gegenüber. Sie wollen ihr Kind aufrichtig und mit ganzem Herzen lieben, aber es fühlt sich einfach nicht mehr so an, wie es mal war. Ihr Kind ist so fordernd geworden, dass die Liebe gefühlt Stück für Stück immer weniger geworden ist. Und zu all diesen Gefühlsherausforderungen kommen dann bei manchen auch noch Schuldgefühle mit dazu, weil sie ihr Kind nicht mehr so lieben können wie am Anfang.

Auch Margareta erlebte diese Gefühlsveränderung und die Herausforderung, die damit einhergehen kann. Mit der Geburt ihres zweiten Kindes stellten sich bei ihrem Sohn auf einmal Verhaltensänderungen ein, die die Liebe zu ihrem vierjährigen Sohn auf den Prüfstand stellten.

Unser Sohn war knapp vier Jahre alt. Die Geburt unserer Tochter hatte sich schon angekündigt, da wurde dieser bis dahin äußerst ausgeglichene und liebenswerte kleine Junge sehr herausfordernd und temperamentvoll bis hin zu wütend, laut und unverschämt. Natürlich kamen da verschiedene Faktoren zusammen: eine verspätete »Ich-Findungs-Phase«, die er bis dahin ausgelassen hatte, sowie natürlich die Geburt unserer Tochter und seine damit verbundene »Entthronung«. Diese Phase zog sich ungefähr ein halbes Jahr. Mein Schlafmangel und emotionales Durcheinander trugen ebenfalls ihren Teil dazu bei. Es war wirklich anstrengend. Und ich hörte mich eines Tages zu meinem Mann sagen: »Ich möchte ihn lieb haben, aber er macht es mir momentan so unglaublich schwer …«

Ich habe in dieser Zeit viel mit meinem Mann darüber reden können. Er hat mir so gut, wie er nur konnte, den Rücken gestärkt und mir alles abgenommen, was er nur konnte. Er hat viel Zeit mit unserem Sohn verbracht und mich immer wieder ermutigt, nach positiven Gefühlen zu suchen und einfach das zu geben, was ich geben kann. Er hat mir Hoffnung gemacht, dass es sich wieder ändern wird.

Und ja, es hat sich wieder geändert. Unser Sohn wurde etwas ruhiger, und ich habe ihn und mich besser kennenlernen können. Außerdem wurde unsere Tochter selbstständiger und ich konnte meine erzieherischen Kompetenzen ausweiten. Mittlerweile kann ich sagen, dass ich unsere Kinder über alles liebe, aber ich bin nicht immer damit einverstanden, was sie machen oder wie sie sich verhalten. Manchmal bin ich sogar traurig oder wütend darüber. Aber ich versuche, ihr Verhalten und Tun und ihr Sein, das, was sie sind, voneinander zu trennen und ihnen genau das zu vermitteln.

Margareta konnte die negative Spirale glücklicherweise früh genug erkennen und sich an einen für sie wichtigen Grundsatz halten:

Auch wenn meine Kinder es mir nicht immer leicht machen und selbst, wenn sie meine Liebe nicht erwidern mögen, werde ich sie lieben.

Durch die offenen Gespräche mit ihrem Mann konnte sie diese negative Spirale durchbrechen. Außerdem hat Margaretas umsichtiges und reflektiertes Handeln dazu geführt, dass sie die Veränderungen im Familiensystem auffangen konnte, sodass sich die Beziehung zu ihrem Sohn wieder stabilisierte.

Aber eine solche Entspannung gelingt nicht immer so schnell. Je größer die Kinder werden und je länger die schwierige Situation anhält, desto stärker empfinden Eltern die Grenzüberschreitungen, die unerwünschten Verhaltensweisen oder unerfüllten Erwartungen als Belastung. Obwohl sie sich wirklich bemühen, ein schönes Zuhause zu schaffen, und alles in ihrer Macht Stehende tun, um ihre Kinder zu fördern und zu unterstützen, dreht sich in der Familie vieles um die Defizite und Schwierigkeiten. Kritik und Konflikte beherrschen den Familienalltag. Ein vertrautes Miteinander wird mit den Jahren immer weniger. Tragischerweise erleben deswegen etliche Kinder ihr Zuhause nicht vorrangig als einen Ort der Sicherheit und Geborgenheit, sondern als einen Ort der Verletzungen, des Kampfes, der Konflikte. Unter der emotionalen Distanz leiden sowohl die Eltern als auch die Kinder. Eltern und Kinder verstehen sich nicht, obwohl sie sich doch eigentlich tief in ihrem Inneren lieben und eine große Sehnsucht nacheinander haben. Diese komplizierten Strukturen gibt es im Übrigen, wie bereits erwähnt, nicht nur in dysfunktionalen oder bildungsfernen Familien, wie man das auf den ersten Blick vielleicht meinen könnte. Solche Erfahrungen machen Eltern und Kinder in allen Schichten unserer Gesellschaft.

Im schlimmsten Fall gehen Beziehungen sogar ganz in die Brüche, mit der Folge, dass sich erwachsene Kinder entscheiden, den Kontakt zu ihren Eltern abzubrechen, weil ein gemeinsames Leben zu schmerzhaft ist. Die Psychotherapeutin Claudia Haarmann beschreibt in ihrem Buch »Kontaktabbruch in Familien« sehr eindrücklich den Schmerz, der auf beiden Seiten empfunden wird, wenn ein gemeinsames Leben nicht mehr möglich ist. Ihre These ist: »Ein Kontaktabbruch ist lange vorher fühlbar und von außen betrachtet ist er sogar lange vorhersehbar – nur von innen scheint er oftmals wie nicht erklärlich.«[5] Brechen erwachsene Kinder den Kontakt zu ihren Eltern ab, sind diese oft völlig überrascht. Für sie kommt diese Entscheidung wie aus heiterem Himmel. Und doch gab es schon lange Anzeichen dafür, dass etwas nicht gestimmt hat. In den Beziehungen hatte sich bereits in der Kindheit beginnend über Jahre eine Entfremdung angebahnt. Entweder gab es immer schon Spannungen und Konflikte, die aber schnell unter den Teppich gekehrt wurden, damit der Schein gewahrt wurde und nach außen alles gut aussah. Oder man lebte einfach aneinander vorbei. Zwar waren Eltern und Kind in Kontakt, aber einen echten Austausch, Herzensbegegnungen und wirkliches Interesse gab es nicht. Stattdessen waren die Eltern so sehr in ihrer eigenen Wahrnehmung gefangen, dass sie die Bedürfnisse des Kindes nicht sehen konnten. In vielen Erfahrungsberichten des Buches wird deutlich, dass die Entfremdung augenscheinlich nicht aufzuhalten war, weil eine dicke Wand zwischen Eltern und Kind entstanden war. Aber es gibt einen Weg, wie diese drohende Distanzierung zwischen Eltern und Kindern aufgehalten werden kann.

Der Teufelskreis der belasteten Beziehung

Damit es zu solch belasteten, distanzierten oder sogar abgebrochenen Beziehungen in einer Familie gar nicht erst kommt, ist es wichtig, die Prozesse anzuschauen, die in einer herausgeforderten Familie ihren Lauf nehmen können:

- Wieso kommt die Liebe nicht bei den Kindern an?
- Warum fühlen sich Kinder ungeliebt?
- Was führt dazu, dass diese Gefühle der Ablehnung entstehen?

Dabei spielen die Empfindungen und Reaktionen sowohl auf Seiten der Eltern und als auch auf Seiten der Kinder eine entscheidende Rolle. Dieses Wechselspiel von unangenehmen Gefühlen und entsprechenden Reaktionen darauf kann eine ganz starke Dynamik entwickeln, die sich im Laufe der Zeit intensiviert und dann einen regelrechten Kreislauf in Gang hält. Weil sich die Situation immer mehr verschlechtert, kann man hier von einem Teufelskreis sprechen. Meistens fängt dieser ganz klein an und entwickelt sich zu einem schleichenden Abwärtsprozess. So war es auch in meiner Beziehung zu meinem Sohn.

Jan war absolut willkommen und die ersten zwei Jahre verliefen in weiten Teilen unkompliziert. Als dann die sogenannte Trotzphase begann, merkten wir, dass wir eine willensstarke Persönlichkeit vor uns hatten, die uns ganz schön herausforderte. Mir war klar, dass diese Phase eine wichtige und wünschenswerte Entwicklungsphase von Kindern ist, und so habe ich mich dieser sehr bewusst gestellt. Diese Wutanfälle waren allerdings nicht nur eine

Phase, sondern blieben bestehen. Jan war viel in seiner eigenen Welt und hatte ein reiches Innenleben. Wenn dann Anforderungen von außen kamen, hat ihn das oft überfordert, sodass er zu Hause häufig sehr emotional reagiert hat. Jan zeigte in manchen Phasen keinerlei Interesse, auf meine Bitten zu reagieren. Wenn ich ihm sagte, dass er schon mal die Schuhe holen solle, weil wir in den Kindergarten müssen, sagte er in leidvollstem Ton: »Ich bin sooo müde.« Und blieb sitzen. Dieses Schema wiederholte sich zigfach am Tag, Machtkämpfe und Ärger waren die Folge. Als Jan viereinhalb Jahre alt war, schrieb ich in mein Tagebuch: »Am meisten frustriert mich, dass ich keinen Weg finde, angemessen damit umzugehen. Ich bin oft so wütend auf ihn und ich wünschte, er würde den Tag woanders verbringen und ich hätte meine Ruhe.«

Aber dann gab es auch immer wieder die guten Zeiten, in denen Jan ausgeglichen, kreativ und fröhlich unser Leben bereichert hat. Dann floss mein Herz über vor Liebe. Wir kuschelten, lasen gemeinsam Bücher, hatten Spaß miteinander und entdeckten gemeinsam die Welt.

All das sind normale Erfahrungen, die zum Elternsein dazugehören. Von ähnlichen Erlebnissen können wahrscheinlich die allermeisten Eltern erzählen und vielleicht geht es dir gerade ähnlich. Problematisch wird die Situation aber, wenn die negativen Erfahrungen überwiegen und die schlechten Zeiten zur Normalität werden.

Während der Kindergartenzeit wurde immer deutlicher, dass Jan irgendwie besonders war, auch andere äußerten Vermutungen. Im Kindergarten wurde der Verdacht auf ADS ausgesprochen und wir suchte uns Hilfe bei Fachleuten. Allerdings sollte es noch mehrere

Jahre dauern, bis diese Vermutung bestätigt wurde. Es war halt nicht so ausgeprägt, dass es eindeutig war, und so waren wir als Eltern weiterhin bemüht, das Verhalten unseres Kindes mit pädagogischen Methoden in gute Bahnen zu lenken.

Glücklicherweise hatte Jan in der Grundschule eine Lehrerin, die sehr verständnisvoll auf seine Art einging und ein gutes Gespür für sein Wesen mitbrachte. Sie beschrieb ihn als intelligent und kreativ. Sie redete von seiner guten Sprachfähigkeit, seiner Eigenwilligkeit und großen Auffassungsgabe. Sie bemerkte, dass das Aus- und Einräumen der Schulsachen eine Katastrophe war, empfand das aber nicht als problematisch. Auch dass er sich viel in seinen Gedanken verlor, empfand sie nicht als schlimm. Jan war witzig, und seine Antworten hatten ihn schon schulbekannt gemacht. Das Einzige, woran wir jetzt aber intensiver arbeiten mussten, waren seine sozialen Kontakte. Da war es also wieder: Jan hatte so viele Stärken und sympathische Züge – und gleichzeitig auch seine eigene Art. Davon wollte ich mich nicht unterkriegen lassen, mein Kind musste nicht der Norm entsprechen.

Und doch hatte mein Herz viel damit zu kämpfen, im Alltag mit Jans Eigenwilligkeit angemessen umzugehen. Jan konnte reden wie ein Wasserfall, aber nur über die Themen, die ihn beschäftigten. Ob die anderen darauf eingingen, schien ihm egal zu sein. Die Hausaufgaben waren eine tägliche Kraftanstrengung, weil er stundenlang am Tisch saß und sich nicht auf seine Aufgaben fokussieren konnte. Seine Stimmung konnte von einem Moment auf den anderen kippen. War er in dem einen Moment wütend und traurig, konnte ihn eine lustige Situation von jetzt auf gleich zum Lachen bringen. Und umgekehrt lief es genauso. Regeln, die er nicht logisch fand, konnte er nicht akzeptieren. Seine Aufmerksamkeit und einen Augenkontakt in wichtigen Momenten zu bekommen, war unglaublich schwer, wenn er in seiner Welt war. So oft sagte ich: »Guck mich an.« Im Laufe der Zeit kamen immer mehr Situationen dazu, in der mir das Verhalten von Jan in der Öffentlichkeit unangenehm war. Bei einer Weihnachtsfeier in der Schule ignorierte er die anderen Kinder, hing an meinem Rockzipfel und futterte sich maßlos mit Weihnachtsplätzchen voll. Mir war es peinlich und unangenehm, dass er auf meine Bitte, aufzuhören, nicht reagierte und sich nicht auf die anderen Kinder einlassen konnte.

Je älter Jan wurde, desto hilfloser fühlte ich mich, wenn er sich verweigerte und keinerlei Kooperation zeigte. Oft habe ich Jan angemeckert oder sogar angeschrien. Wenn Jan sich nicht an Abmachungen hielt, ließ ich Sanktionen oder Konsequenzen folgen – leider häufig nicht sehr respektvoll, was die Atmosphäre belastete. Immer wieder nahm ich mir vor, gelassen zu reagieren, aber ich scheiterte oft. Natürlich gab es auch die guten und schönen Momente, in denen ich seinen kreativen Charakter genoss und stolz auf ihn war. Keine Frage: Ich liebte mein Kind und wollte, dass es ihm gut ging.

All die Jahre begleitete uns das Gefühl, dass Jan nicht in die Norm passte, aber es gab keinen Begriff dafür. Es war diffus und wenig greifbar. Am Ende der Grundschulzeit stießen wir auf das Thema Hochbegabung und nach einem Test hatten wir es schriftlich. Jans IQ war überdurchschnittlich hoch. Als wir Jan das erklärten, war er überrascht. Weil ihm in seinem Alltag so oft sein Unvermögen gespiegelt worden war, konnte er gar nicht glauben, dass er so eine Stärke in sich trug. Also nahmen wir uns vor, ihn in seinem Selbstwertgefühl noch mehr zu bestärken. Der Rat des Psychologen an uns Eltern war: »Fördern, fördern, fördern. Sein Gehirn braucht Futter. Aber bedenken Sie: Sie werden nie ein normales

Kind haben.« Und so ging der Alltag weiter. Wir förderten und versuchten, gute Familienzeiten zu haben.

Mit dem Start in die weiterführende Schule nahmen die Belastungen allerdings weiter zu. Die neue Schule mit all ihren Anforderungen und neuen Kindern waren für Jan eine enorme Belastung. Nur schwer fand er seinen Platz in der neuen Klasse, Freundschaften gab es dort keine. Oft kam er mir einsam und allein vor. Seine emotionale Überforderung machte sich zu Hause durch immer mehr Wutausbrüche, Verweigerung und Rückzug bemerkbar. Als Eltern fühlten wir uns machtlos. Schon lange schwelte in uns die Angst, dass wir unser Kind irgendwann ganz verlieren könnten. Wo sollte das alles noch hinführen?

Eltern, die in einem solchen Teufelskreis feststecken, können mit ihrem Kind oft nur noch in einer emotional belasteten Form kommunizieren: Enttäuschung, Überforderung und Wut schwingen im alltäglichen Miteinander mit und ein entspannter Umgang wird immer seltener. Darunter leiden die Gefühle der Zuneigung, Wertschätzung und Warmherzigkeit.

Das ist eine natürliche Folge, denn wenn immer Streit und Verletzungen erlebt werden, ist es schwer, sein Kind in den Arm zu nehmen und von Herzen zu sagen »Ich liebe dich« oder seine Liebe auf andere Art zum Ausdruck zu bringen. Echte Liebesbekundungen werden immer weniger und der Liebestank des Kindes somit immer leerer. Die Folge auf Seiten der Kinder: Rebellion, Rückzug oder Aufmerksamkeit um jeden Preis. So dreht sich die Spirale der belasteten Beziehung immer weiter abwärts, die Empfingungen und Reaktionen verstärken sich auf beiden Seiten und der Kreislauf bleibt in Gang.

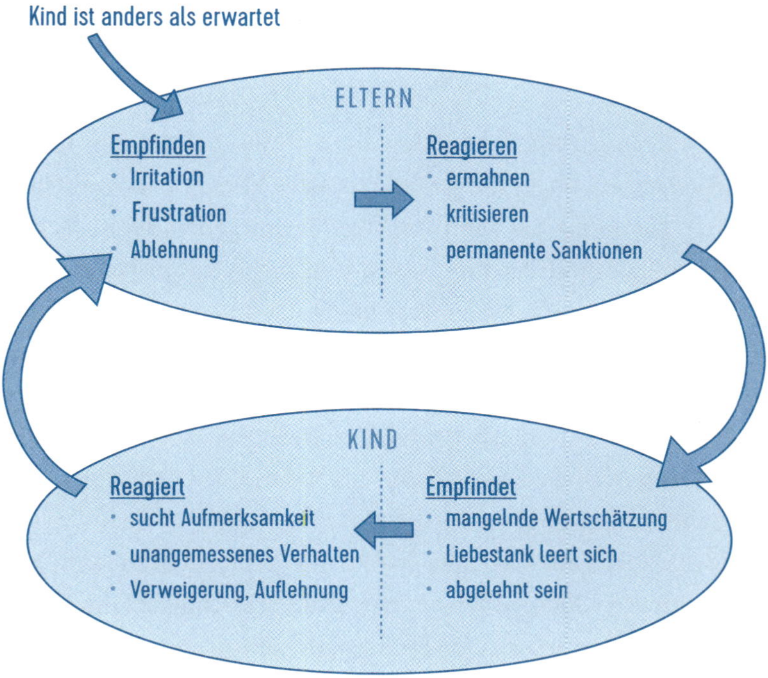

Dieser Kreislauf ist deswegen so teuflisch, weil er vielen Eltern nicht bewusst ist. Eltern lieben ihr Kind von ganzem Herzen und gleichzeitig schleichen sich Ablehnungsgedanken und Gefühle in ihre Herzen, weil ihr Kind nicht so ist, wie sie es sich erhofft haben.

Wenn Eltern aber bewusst wird, warum es so sehr zwischen ihnen und ihrem Kind hakt, ist ein wichtiger Schritt getan, um aus diesem Teufelskreis herauszukommen. Denn die gute Nachricht ist, dass Eltern einer solchen Situation nicht völlig hilflos ausgeliefert sind. Es gibt einen Weg zur Veränderung, aber dafür ist es zunächst erforderlich, dem Grund für die angespannte Beziehung auf die Spur zu kommen.

ANDERS ALS GEDACHT

Wenn Eltern ein Kind erwarten oder sich die Zukunft mit ihrem Kind ausmalen, tragen sie ganz persönliche Vorstellungen von ihm in sich. Während das Kind noch im Verborgenen heranwächst, fangen Mama und Papa an, sich ein Bild von ihrem Nachwuchs zu machen. Sie spekulieren über die Haar- und Augenfarbe ihres Kindes, fragen sich, ob es wohl die Nase von Papa oder Mama bekommt. Spannend ist immer die Frage: Wird es ein Junge oder ein Mädchen? Automatisch entstehen in Eltern Bilder, Gedanken oder Ideen über die Zukunft mit ihrem Kind. Sie stellen sich den Moment vor, in dem sie ihr Baby das erste Mal im Arm halten, wie es sie anlächelt, krabbeln, laufen und Fahrradfahren lernt. Vor ihrem inneren Auge sehen sie sich stolz bei Schulaufführungen, Musikschulkonzerten oder Sportveranstaltungen im Publikum sitzen und die Begabung ihres Kindes genießen. Sie träumen von gemeinsamen Familienurlauben, bei denen sie ihrem Kind die Welt zeigen und entspannte Zeiten erleben.

Vermutlich kommen dir diese Gedanken, Wünsche und Träume sehr bekannt vor. Ich denke, wir alle haben sie in irgendeiner Form gehabt, als wir uns auf das spannende Abenteuer Elternsein eingelassen haben. Aber natürlich war uns gleichzeitig genauso klar, dass es auch mal Herausforderungen oder Rückschläge im Leben geben wird. Doch gemeinsam als Familie, so zumindest unsere Vorstellung, würden wir uns den kleineren oder größeren Konflikten und Krisen stellen und gute Lösungen finden. Und wenn wir selbst als überzeugte Christen leben, hoffen wir, dass unsere Kinder unseren Glauben kennenlernen und verstehen, unsere Werte verinnerlichen und ihr Leben ebenso in Gott gründen wie wir. Vielleicht gingen – oder gehen – unsere Blicke sogar in eine noch weitere Zukunft: Eines Tages werden unsere Kinder einen guten Schulabschluss machen, ihrem Traumberuf nachgehen, einen Partner oder eine Partnerin fürs Leben finden und uns zu Großeltern machen. So unsere Vorstellung.

Einerseits sind Träume gut, weil sie uns antreiben, in unsere Kinder zu investieren und sie zu fördern. Andererseits tragen solche Träume aber auch die Gefahr in sich, dass sie an der Realität vorbeilaufen und nicht berücksichtigen, dass uns unsere Kinder nicht gehören. Wir können sie nicht so formen, wie wir sie haben wollen. Jedes Kind ist eine einzigartige Persönlichkeit, die ein Recht auf Achtung hat und ganz individuell auf die Erziehungsbemühungen der Eltern reagiert. Wir haben nicht alles in der Hand. Auch wenn wir Eltern großen Einfluss auf die Entwicklung unserer Kinder haben, sind unsere Kinder Individuen, die ihre eigenen Entscheidungen treffen und spätestens, wenn sie erwachsen sind, ein selbstbestimmtes Leben führen werden. Tragen wir dieses Bewusstsein nicht in uns, können manche Vorstellungen, Erwartungen oder Träume verhindern, dass wir mit unserem Kind in einer guten und wertschätzenden Beziehung leben können.

Stolpersteine einer gelingenden Eltern-Kind-Beziehung

Es gibt so manchen Stolperstein für eine gelingende Eltern-Kind-Beziehung. Doch wenn wir uns diese bewusst machen und sie kennen, haben wir schon einen großen Schritt auf das Herz unseres Kindes zu gemacht. Welche Stolpersteine das sein können, wollen wir uns nun im Folgenden anschauen.

Das Geschlecht

Früher spielte das Geschlecht des Nachwuchses eine große Rolle, weil es um den Stammhalter ging. In zahlreichen Monarchien der Geschichte wurde die Krone ausschließlich an den männlichen Erben weitergegeben, sodass die Enttäuschung groß war, wenn es nur ein Mädchen war. Aber nicht nur in adligen Familien war das richtige Geschlecht von Bedeutung. Auch in »normalen« Familien hoffte man auf einen Sohn, damit dieser den Hof oder die Geschäfte übernehmen konnte. Außerdem konnten Eltern von Jungen die teure Mitgift sparen. So war das ungeborene Kind schon früh mit einer bestimmten Hoffnung und Rolle belegt.

Sicherlich ist diese Fixierung auf das richtige Geschlecht in unserer europäischen modernen, aufgeklärten Gesellschaft nicht mehr so ausgeprägt wie zu früheren Zeiten. Und doch ist auch heute diese oft unbewusste Erwartung an den Wunschjungen oder das Wunschmädchen zu beobachten. Dann wünschen sich Eltern je nach Prägung ihr kleines, niedliches Mädchen, das sie verwöhnen können. Oder vielleicht auch gerade nicht, weil Mädchen den Ruf haben, schnell zickig und deswegen anstrengend zu sein. Dann wäre ein cooler, sportlicher Jungen, mit dem man toben und Bäume ausreißen kann, doch viel passender. Es kann aber genauso gut sein, dass es in der Familie schon einen Jungen gibt, und dann wäre ein ruhiges, sanfte Mädchen doch ein schöner Ausgleich, der die Familie komplett macht und abrundet.

Hört man sich unter jungen, werdenden Eltern um, wünschen sich Frauen häufig ein Mädchen und Männer einen Jungen. Sehr wahrscheinlich liegt das daran, dass ihnen das eigene Geschlecht ganz automatisch naheliegt. Man weiß, wie Jungs bzw. Mädchen ticken und kann sich in ihre Gedanken- und Gefühlswelt schneller hineinversetzen. Väter träumen vielleicht davon, später mit ihrem

Sohn das Fußballstadion zu besuchen, am Auto zu schrauben oder gemeinsame Männertouren zu machen. Mütter sehen vor ihrem inneren Auge, wie sie für ihre Tochter hübsche Kleider kaufen, im Kino »Die Eiskönigin« schauen oder gemeinsam Kuchen backen. Wie schön ist der Gedanke, wenn sich die eigene Tochter das erste Mal verliebt und sich ihrer Mama anvertraut und dann vertrauliche Mutter-Tochter-Gespräche stattfinden, die es mit einem Sohn in dieser Form nicht geben könnte. Sicherlich bedienen diese Bilder Klischees, aber gleichzeitig spiegeln sie auch die Realität vieler Familien wider.

Durch das gleiche Geschlecht entsteht eine innere Verbindung und so erscheint eine innige Beziehung wahrscheinlicher, einfach, weil es so gut zusammenpasst. Der Wunsch nach einem bestimmten Geschlecht ist also durchaus nachvollziehbar und bis heute keineswegs ausgestorben oder bedeutungslos.

Das zeigt sich auch darin, dass es eine Branche gibt, die auf diese Elternwünsche eingeht. In manchen Ländern ist es gesetzlich erlaubt, in Kinderwunschkliniken bei der künstlichen Befruchtung das Geschlecht zu selektieren. In Adoptionsvermittlungen, die sich außerhalb der gesetzlichen Bestimmungen bewegen, werden Geschlechtswünsche berücksichtigt, wenn Menschen mit Kinderwunsch viel Geld auf den Tisch legen. Und auch im Internet findet man, allerdings eher unseriöse, Tipps, wie man das Geschlecht beeinflussen kann. Auf der Internetseite »wunschgeschlecht.de« können sich Eltern zum Beispiel darüber informieren, wie sie das Geschlecht ihres Kindes bei der Zeugung beeinflussen können. Dort werden keine Wunder versprochen, aber doch eine bestimmte Hoffnung wachgehalten. Man könne, so heißt es dort, zumindest die Wahrscheinlichkeit für ein bestimmtes Geschlecht deutlich erhöhen. Sport, Kaffee, Nikotin, Temperatur – all das seien Faktoren, die darüber entscheiden können, ob das Kind ein Mädchen oder ein Junge werde.[6] In einem Ratgeber, den man käuflich erwerben kann, findet man dann die konkrete Vorgehensweise hin zum Wunschkind. Solche Beispiele zeigen, dass in unserer technisierten Wohlstandsgesellschaft eine gewisse Tendenz besteht, bis ins Detail seines Glückes Schmied sein zu wollen. Und auch wenn die meisten Menschen solche Angebote sicherlich kritisch betrachten, ist es doch auch angebracht, dass Eltern tief in sich hineinhorchen und sich die Frage stellen, wie frei sie diesbezüglich wirklich sind.

Ein weiterer Aspekt ist in diesem Zusammenhang, dass viele Eltern mit dem Geschlecht ihres Kindes bestimmte Verhaltensweisen und Charaktereigenschaften verknüpfen. Jungs spielen Indianer, klettern auf Bäume, lieben Autos und risikoreiche Sportarten. Sie beschäftigen sich mit Technik, wollen stark sein und Muskeln haben und mit anderen Jungs raufen. Mädchen bevorzugen dagegen alles, was rosa ist, lieben Ballett, flechten Blumenkränze und kleiden ihre Puppen ein. Sie treffen sich mit ihren Freundinnen, um die neuesten Schminktipps auszutauschen und sich für die nächste Party zu stylen. Damit sind wir bei den Stereotypen der Geschlechter angekommen. Auf der einen Seite sind diese nicht aus der Luft gegriffen und sollten aus meiner Sicht auch nicht um jeden Preis weggebügelt werden. Jungen und Mädchen tendieren von Natur aus zu unterschiedlichen Interessen und Begabungen. Auf der anderen Seite kann eine Einteilung in typisch männlich und typisch weiblich aber dazu führen, dass individuelle Eigenschaften und Interessen von Mädchen und Jungen gering geachtet werden. Nicht alle Mädchen und Jungen passen in unsere Schubladen. Es gibt Mädchen, die keine Lust auf Kleider haben, voller Leidenschaft Cowboy und Indianer spielen und doch echte Mädchen sind. Es gibt Jungs, die viel lieber stundenlang zu Hause Bücher lesen, als mit Papa zum Kampfsport zu gehen. Sehr eindrücklich wird dieses Dilemma in dem Film »Billy Elliot – I Will Dance« beschrieben. Der britische Junge Billy träumt in den 80er-Jahren des letzten Jahrhunderts davon, Balletttänzer zu werden – ein Traum, der in dem Weltbild seines Vaters keinen Platz hat. Ein echter Junge soll boxen, und so kommt es zu viel innerem Schmerz und Entfremdung zwischen Vater und Sohn, weil Billy den Erwartungen nicht entspricht.[7]

Aufgeschlossene Eltern werden vermutlich beteuern, dass ihr Mädchen natürlich Kampfsport machen kann und sie nichts dagegen haben, wenn ihr Sohn Reitunterricht nehmen möchte. Ich bin davon auch überzeugt, dass wir so manches Klischeedenken schon hinter uns gelassen haben. Und doch ist bis heute nicht ausgeschlossen, dass in manchen Elternköpfen weiterhin stereotype Vorstellungen von mutigen und starken Söhnen und zurückhaltenden und umsichtigen Töchtern herumgeistern, derer sie sich wenig bewusst sind. In der Folge besteht die Gefahr, dass Kinder, die nicht in dieses klassische Muster passen, ständig das Gefühl in sich tragen, dass sie nicht in Ordnung sind. Ein Spruch wie »Was, du willst reiten lernen, das ist doch nur was für Mädchen?« oder »Jetzt wehr dich doch endlich mal richtig, du bist doch ein Junge!« fördern kein starkes Selbstwertgefühl und keine gesunde Identität. Sicherlich sind solche Aussagen in den seltensten Fällen böse gemeint. Und doch können Sprüche dieser Art, die im Alltag so schnell gesagt sind, große Auswirkungen haben: »So, wie ich bin, bin ich nicht richtig. Ich muss anders sein, damit ich meinen Eltern gefalle.«

Das Temperament des Kindes

Sowohl die Erziehung als auch die genetische Anlage haben Einfluss auf das Temperament eines Menschen. Ein Kind kommt nicht wie ein leeres, weißes Blatt Papier auf die Welt, das nur von seiner

Umgebung auf die richtige Art und Weise beschrieben werden muss, und dann wird es sich automatisch so entwickeln, wie es die Eltern gern hätten. So formbar, wie man lange gedacht hat, ist der Mensch nicht. Stattdessen hat jedes Kind ein individuelles Temperament, das sein inneres Wesen ausmacht und ein Leben lang relativ stabil bleibt.

Die Psychiaterin Stella Chess und der Psychiater Alexander Thomas gehörten in den 1950er-Jahren zu den ersten Wissenschaftlern, die die damals gängige Theorie infrage stellten, dass das Verhalten eines Kindes ausschließlich von der Erziehung abhängt. In Langzeitstudien fanden sie heraus, dass Kinder mit ganz unterschiedlichen Temperamenten zur Welt kommen. Die Ergebnisse ihrer Studien waren maßgeblich für die Temperamentenlehre und schufen in der Psychologie ein neues Bewusstsein dafür, dass jedes Kind einzigartig ist und ein Potenzial in sich trägt, auf das die Umgebung nur bedingt Einfluss hat.[8] Die einen Kindern sind ruhig und pflegeleicht, die anderen aktiv und immer auf der Suche nach einem Abenteuer. Und das ist nicht anerzogen, sondern tief im Wesen des jeweiligen Kindes verankert.

Diese Charakterunterschiede haben einen nicht zu unterschätzenden Einfluss auf die Qualität der Eltern-Kind-Beziehung. Es liegt auf der Hand, dass sich das Leben leicht und unkompliziert anfühlt, wenn ein Baby eine große Zufriedenheit in sich trägt, gut einschlafen und sich an Umstände schnell anpassen kann. Für Mütter und Väter sind solche entspannten Persönlichkeiten ein Segen, weil sie unkompliziert in den Alltag zu integrieren sind. Die Bedürfnisse des Kindes können schnell und sicher befriedigt werden. Wenn das Baby wach ist, lächelt es freundlich seiner Umgebung zu und spielt fröhlich auf der Krabbeldecke. Ist es müde, freut es sich, wenn es ins Bett gelegt wird, und schläft in wenigen Minuten ein. Haben Eltern ein solches Baby, dann fühlt sich der

Alltag für sie vielleicht wirklich so an, wie er auf den Hochglanzbroschüren von Babyprodukten oder in manchen Elternzeitschriften abgebildet ist: Mama, Papa und Baby lächeln in die Kamera und das Leben läuft. Doch die Mehrzahl der Babys lässt sich diesem pflegeleichten Typ nicht zuordnen.

Nach den Studien von Chess und Thomas bringen 40 Prozent der Kinder ein pflegeleichtes Temperament mit. 10 Prozent der Kinder tragen einen sehr willensstarken, herausfordernden Charakter in sich und 15 Prozent der Kinder gehören zu den Typen, die eher zurückhaltend sind und ihre Umgebung eher vorsichtig beäugen. Die restlichen 35 Prozent sind Mischtypen dieser Charaktere.[9] Fakt ist also: 60 Prozent der Kinder bringen eine Persönlichkeit mit, die nicht so leicht zu lenken ist und damit auch das Potenzial in sich trägt, Eltern herauszufordern oder an ihre Grenzen zu bringen.

Der amerikanische Kinderarzt Dr. William Sears hat im Zusammenhang mit herausfordernden Kindern den Ausdruck »High-Need-Baby« verwendet. Damit sind Babys gemeint, die von Anfang an eine höhere Bedürftigkeit mit ins Leben bringen.[10] Aus den unterschiedlichsten Gründen sind diese Babys sensibler, unruhiger, zuwendungsbedürftiger und weinen mehr und lauter als andere Babys. Und das macht das Zusammenspiel zwischen Eltern und Kind natürlich nicht einfach, ganz im Gegenteil. Es kann zu einer Zerreißprobe werden, wenn ein Baby kaum zufriedengestellt werden kann und schlecht zur Ruhe kommt. Oft sprechen wir dann von einem anstrengenden Baby, und dieser Begriff ist verständlich, weil der Umgang mit einem solchen Kind genau so empfunden wird. Es kostet Kraft und Nerven, wenn Babys nicht so schnell einschlafen, wenn sie einen hohen Bewegungsdrang mitbringen, sich schneller ablenken lassen oder empfindlicher reagieren, wenn sich der Tagesablauf mal verändert. Nicht selten kommt dieses Temperament dann auch in weiteren Entwicklungsphasen zum Tragen. Die sogenannte Trotzphase wird mit starken emotionalen Ausbrüchen sehr intensiv durchlebt, die Eingewöhnung in den Kindergarten verläuft nicht unbedingt reibungslos und der Anpassungsprozess, der dann im Schulalter erwartet wird, braucht länger als bei anderen Kindern.

In ihrem Elternratgeber beschreibt die Therapeutin Mary Sheedy Kurcinka, die viele Jahre Eltern mit temperamentvollen Kindern gecoacht hat, diese Kinder als intensiv, beharrlich, empfindlich, ablenkbar, unangepasst, unberechenbar, energiegeladen, übervorsichtig und kritisch.[11] Viele Kinder haben manche dieser Eigenschaften, aber temperamentvolle Kinder sind von allem mehr.

> Da diese Kinder mehr sind, bleiben viel Ratschläge, die für das Aufziehen anderer Kinder funktionieren, bei temperamentvollen Kindern wirkungslos. […] Das Großziehen eines temperamentvollen Kindes verlangt mehr.[12]

Eltern brauchen mehr Geduld, Einfühlungsvermögen, Gelassenheit, Zeit, Kraft und Kreativität, wenn sie ihr temperamentvolles Kind angemessen und liebevoll begleiten wollen, weil die gängigen Erziehungsmethoden oft nicht reichen. Und sie brauchen mehr als alle anderen starke Nerven und ein dickes Fell, um die intensive Erziehungsarbeit über viele Jahre hinweg leisten zu können.

Das Zusammenspiel der Temperamente

Aber nicht nur das Temperament des Kindes spielt eine bedeutsame Rolle, wenn es um die Atmosphäre in der Familie geht, sondern auch das der Eltern. Spannend ist hier, wie die Temperamente der Kinder und Eltern zusammenspielen.

In sehr einfachen Modellen werden Menschen in introvertierte oder extrovertierte Typen eingeordnet. Die einen lieben es, sich anderen mitzuteilen und tragen ihr Innerstes gern nach außen, während die anderen dazu neigen, sich viele Gedanken zu machen, die sie erst dann formulieren, wenn sie ein Ergebnis gefunden haben. Für die Extrovertierten sind die Gesellschaft und der Austausch mit anderen wahre Kraftquellen, während die Introvertierten viel Zeit für sich allein brauchen.

Treffen nun sehr unterschiedliche Temperamentstypen in der Familie aufeinander, kann es zu nicht zu unterschätzenden Spannungen kommen. Ist eine Mutter spontan, voller Ideen und Kreativität und sehr kontaktfreudig, kann es für sie eine riesige Umstellung werden, wenn ihr Kind bei diesem schnellen Lebenstempo nicht mitkommt. Ein Kind, das gern für sich allein spielt, seine gewohnte Umgebung braucht und für jede neue Aktivität eine gewisse Vorlaufzeit benötigt, wird mit der Spontanität der Mutter sehr wahrscheinlich seine Probleme haben und sich verweigern, wenn es jeden Tag zu einer anderen Freizeitbeschäftigung aufbrechen soll und ständig aus seinem Spiel herausgerissen wird. Und ein eher introvertierter Vater kommt an seine Grenzen, wenn er seinen Alltag mit einem Kind lebt, das permanent redet und jedes kleinste Erlebnis kommentiert. So können in den Familien die unterschiedlichsten Kombinationen auftreten, die es in sich haben.

Aber nicht nur unterschiedliche Temperamente können zu Reibungen führen, sondern auch Ähnlichkeiten. Besonders dann, wenn zwei willensstarke Temperamentstypen aufeinandertreffen, kann es hoch hergehen. Sind sowohl Vater und Sohn sehr zielorientiert und wenig kompromissbereit, sind Konflikte vorprogrammiert. Ein gelingendes Zusammenspiel zwischen Eltern und Kindern hat also viel mit deren Persönlichkeitsstruktur zu tun. Berücksichtigen Eltern die eigenen Temperamente und die des Kindes in ihrem alltäglichen Umgang nicht und passen sie ihren Erziehungsstil nicht daran an, ist ein entspanntes Miteinander nur schwer möglich.

Genauso hat Heidi das mit einer ihrer Töchter, die sie sich von Herzen gewünscht hatte, erlebt.

Eine meiner Töchter ist mir in einigen Eigenschaften sehr ähnlich. Sie hat einen starken Willen, auf dem sie hartnäckig bestehen kann, und ist sehr diskutierfreudig. Es fiel ihr genauso schwer, Fehler einzugestehen und sich zu entschuldigen, wie mir.

Ich war so dankbar für dieses Kind, das gegen alle ärztlichen Erwartungen gesund geboren wurde. Doch bereits im Kleinkindalter gab es Spannungen zwischen uns beiden, die über die Jahre anhielten. Oft fühlte ich mich durch ihr Verhalten angegriffen, was häufig zu Auseinandersetzungen führte. Ich bin mir bewusst, dass ich auf sie heftiger reagiert habe als auf ihre Geschwister. Damals wusste ich noch nicht, dass sie mir durch ihr Verhalten beständig einen Spiegel vorhielt, vor allem was meine Charakterschwächen betraf. Ich litt sehr darunter, und heute weiß ich: sie auch. Doch fühlte ich mich hilflos, etwas an der Situation zu ändern. Oft klagte ich vor meinem Mann: »Ich liebe das Kind so, aber ich weiß nicht, wie ich mit ihr klarkommen soll!« Erst durch einen Vortrag durchschaute ich die Ursache dieser Spannungen und begriff, dass sie nicht – wie angenommen – ein schwieriges Kind war, und konnte dieses negative Muster durchbrechen.

Wie genau Heidi dieses Muster durchbrochen hat und wie ihr persönlicher Weg der Annahme aussah, werden wir an einer späteren Stelle in dem Kapitel »Ein Prozess: keine Perfektion und doch dranbleiben« sehen.

Behinderungen, Krankheiten und Entwicklungsstörungen

»Hauptsache gesund« – das ist eine häufige Reaktion von werdenden Eltern, wenn sie gefragt werden, was sie sich denn wünschen: Junge oder Mädchen? Und es stimmt: Gesundheit ist ein hohes Gut und ein absolut berechtigter Wunsch. Deswegen investieren viele Eltern während der Schwangerschaft in Vorsorgeuntersuchungen und informieren sich darüber, wie sie ihr ungeborenes Kind vor Krankheiten oder Fehlentwicklungen schützen können.

Doch trotz aller medizinischen Abklärungen können auch heute nicht alle Behinderungen vorhergesehen werden. Zudem gibt es viele Eltern, die sehr bewusst entscheiden, dass eine Diagnose, ganz gleich welcher Art, keinen Einfluss darauf haben wird, ob sie das Kind bekommen werden oder nicht. Bei aller Machbarkeit unserer Zeit werden Kinder mit Behinderungen also – Gott sei Dank – immer ein Teil unserer Gesellschaft sein – mit all den dazugehörenden Sorgen, Ängsten, Besonderheiten, Herausforderungen, Krisen und Chancen.

Dabei müssen wir im Blick haben, dass Behinderungen, Krankheiten und Entwicklungsstörungen ein sehr weites Feld sind, bei dem der Grat der Beeinträchtigung extrem unterschiedlich sein kann und diese Familien somit auch unterschiedlich stark prägt und beeinflusst. Manche Eltern wissen schon in der Schwangerschaft, dass ihr Kind nicht gesund sein wird. Andere werden mit diesem Thema erst im Laufe der Zeit konfrontiert, zum Beispiel wenn sich herausstellt, dass sich das Kind nicht normal entwickelt und eine Besonderheit in sich trägt. Die einen Eltern wachsen langsam in diese Herausforderung hinein, während andere von heute auf morgen durch einen Unfall damit konfrontiert werden, dass nichts mehr normal läuft. Bei manchen Erkrankungen besteht die Hoffnung auf Heilung, bei anderen nicht.

Neben den körperlichen Behinderungen zählen geistige Behinderungen, zu denen zum Beispiel das Downsyndrom, das Fetale Alkoholsyndrom oder die Autismus-Spektrum-Störung gehören, zu den häufigsten Beeinträchtigungen. Darüber hinaus gibt es Sinnesbehinderungen, Sprachbehinderungen, Lernbehinderungen und psychische Behinderungen wie zum Beispiel AD(H)S[13]. Manche Behinderungen kann man dem Kind direkt ansehen, andere vielleicht erst im Laufe der Zeit oder aber auch gar nicht, was für alle Beteiligten wiederum eine besondere Herausforderung darstellt. Einem Kind mit Asperger-Syndrom, einer Hörbeeinträchtigung, AD(H)S oder einer Lernstörung sieht man nicht direkt an, dass es anders ist. Und so werden die Erwartungen vom Umfeld auch nicht immer ausreichend angepasst. Unter- oder Überforderung sind mögliche Folgen. Nicht selten führt genau das zu schmerzhaften Erlebnissen für Eltern und Kinder, weil sie von ihrer Umgebung einfach falsch eingeschätzt und nicht verstanden werden.

All diesen Eltern mit herausfordernden Kindern ist gemeinsam, dass sie die ganz Palette der Emotionen kennen: Angst, Unsicherheit, Wut, Trauer, Enttäuschung – und auch immer wieder Zufriedenheit, Freude und Glück, wenn sie einen guten Umgang und Unterstützung finden konnten. Und doch sieht bei keiner der Familien der Alltag so aus, wie sie sich das vor der Kinderzeit erträumt hatten.

Einschränkungen, ganz gleich welcher Art, sind Teil ihres Lebens. Mit einem Kind im Rollstuhl kann man nicht auf Bäume klettern, ein autistisches Kind wird sich vielleicht nie entspannt in den Arm nehmen lassen, ein AD(H)S-Kind eckt in der Schule dauernd an, sodass ständig Problem-Gespräche beim Elternsprechtag geführt werden. Diese Herausforderungen und Erfahrungen gehen an manchen Eltern-Kind-Beziehungen nicht spurlos vorbei.

Natalie und Thomas[14] haben solche Grenzerfahrungen mit ihrem zweiten Sohn gemacht. Nach einer unkomplizierten Schwangerschaft und einem schönen Start ins Leben gestaltete sich der tägliche Umgang mit ihm als immer schwerer, was nicht nur die Eltern-Kind-Beziehung belastete, sondern auch die Beziehung der Eltern.

Anton ist der zweite Sohn von insgesamt drei Jungs in unserer Familie. Als ich (Natalie) nach der Geburt einen kleinen Jungen mit dunklen Haaren und wachen Augen in den Armen hielt, war es pure, bedingungslose Liebe. Anton war ein pflegeleichtes, zufriedenes Baby, das mit sechs Wochen durchschlief und nur wenig weinte. Er spielte oft zufrieden und lachend vor sich hin und wir freuten uns an seinem Wesen.

Doch mit der Autonomiephase tauchten Verhaltensweisen auf, die uns stark an unsere Grenzen brachten. Das kleine entspannte Baby verwandelte sich in ein wütendes, sehr eigenwilliges und grenzüberschreitendes Kleinkind. Wir hatten nun alle Hände voll zu tun mit nicht enden wollenden Machtkämpfen, wenn wir auf sein Verhalten erzieherisch einwirkten. Er hatte einen langen Atem. Unzählige Male mussten Grenzen gezogen, erneuert und neu gedacht werden.

Es fühlte sich so an, als müsste dieses Kind fünfzigmal öfter hören und spüren, welches Verhalten angemessen ist, als andere Kinder. Wir waren alle erschöpft. Selbst Antons älterer Bruder Noel zog sich immer mehr zurück und verweigerte das Spielen mit ihm.

Ich war müde. Einfach nur kraftlos, weil die Erziehung dieses Kindes mich so stark forderte und ich mir oft neue Strategien überlegen musste, um Anton Grenzen zu setzen. Er umging auf raffinierte Weise viele Grenzen und lotete stets bis zur Neige aus, wie weit er gehen konnte.

Diese Zeit war auch familiär sehr anstrengend, unser dritter Sohn Johannes wurde geboren. Er brauchte von Anfang an sehr viel Nähe und war recht unruhig. Noel wurde eingeschult und hatte enorme Schwierigkeiten, in der Schule gut anzukommen. Dazwischen war Anton, der keine Mühe hatte, sich recht eindrücklich Gehör zu verschaffen. Oft hatte ich an den Abenden keine Kraft mehr, um den Tag mit ihm versöhnlich zu Ende zu bringen. Oft bat ich deshalb meinen Mann, ihn ins Bett zu bringen, damit ich etwas verschnaufen konnte.

Schließlich belastete Antons Verhalten auch extrem unsere Ehe. Wir stritten uns oft. Mein Mann steckte in einer anstrengenden beruflichen Phase und hatte wenig Kraft für Anton. So begann eine schwierige Zeit für unsere Beziehung.

Als Anton in die Autonomiephase kam, die landläufig auch als Trotzphase bezeichnet wird und in der alle Kinder ihre Grenzen vermehrt austesten, wurde das Familienleben komplizierter. Damals zeichnete sich ab, dass mit Anton irgendwas anders ist – etwas, was man mit »normalen« Erziehungsstrategien nicht in den Griff bekommen konnte. Mehr und mehr gerieten die Eltern in den oben beschriebenen Teufelskreis. Anton übertrat eine Grenze nach der anderen, und alles drehte sich nur noch darum, ihn zu reglementieren. Aufgrund dieser Belastungen machten sich Natalie und Thomas auf die Suche nach Hilfe und bekamen nach zahlreichen Gesprächen und Terminen eine Antwort auf ihre vielen Fragen. Als Anton sieben Jahre alt war, wurde bei ihm ADHS mit leichten autistischen Zügen diagnostiziert. Diese Diagnose war wichtig, weil so auch die entsprechenden Hilfen, Unterstützungen und Förderungen möglich waren. Doch der Schlüssel zum Herzen des Kindes war das nicht. Wie Natalie und Thomas die Beziehung zu ihrem Sohn verändern konnten, wird Natalie an späterer Stelle im Kapitel »Eine Entscheidung treffen« und Thomas im Kapitel »Innere Blockaden« noch erzählen.

Ein komplizierter Start ins Leben

Nicht immer beginnt die Familiengründung so reibungslos oder rosarot, wie ein Paar sich das ausgemalt hat. Manche warten lange auf ihr ersehntes Wunschkind, andere erleben Fehlgeburten und wieder andere werden von einer Schwangerschaft überrascht – alles Situationen, die eine besondere Herausforderung für ein junges Paar bedeuten und langfristige Spuren in der Eltern-Kind-Beziehung hinterlassen können.

Ungeplante Schwangerschaften kommen in allen Schichten der Gesellschaft vor und sind trotz einer Vielzahl an Verhütungsmöglichkeiten keine Seltenheit. Es gibt so viele verschiedene Gründe, warum eine Schwangerschaft zunächst keine Glücksgefühle auslöst: eine finanziell angespannte Situation, Krankheit in der Familie, Unsicherheit in der Partnerschaft, Trennung, Verluste, Stress bei der Arbeit, Lebenskrisen. All das sind nur einige der Lebenssituationen, die Menschen ohnehin schon an eine Belastungsgrenze bringen. Kommt dann eine weitere Herausforderung dazu, kann das bei den werdenden Eltern das Gefühl der absoluten Überforderung auslösen. Selbst ein Ja im Kopf zu diesem Überraschungskind kann nicht zwingend vermeiden, dass im Herzen doch auch Nein-Gefühle, Sorgen und Ängste mitschwingen.

Nachdem man lange davon ausging, dass die Wahrnehmung eines Babys im Mutterleib relativ bedeutungslos ist, wissen wir heute, dass das nicht der Fall ist. Durch die Entwicklung der technischen Möglichkeiten haben wir im Laufe der Zeit ein immer größeres Wissen darüber bekommen, was ein Baby in der Schwangerschaft schon alles wahrnimmt. Über die Sinnesorgane bekommen Babys schon sehr früh erstaunlich viel mit. Sie fühlen über die Haut das Fruchtwasser und die Fruchtblase um sich herum, sie können hören, riechen und schmecken, und sie nehmen den Unterschied von Hell und Dunkel wahr. Genauso spüren die Babys, in welcher Stimmung sich die Mutter befindet. Die Gefühlswelt der Mutter, ihre Ängste, ihre Sorgen, ihre Trauer, ihre Wut – all das wirkt sich auf die Gehirnentwicklung des Kindes aus, weil die Stresshormone der Mutter auch beim Kind ankommen. Und das prägt wiederum die Gefühlswelt des ungeborenen Kindes. So nimmt ein Fötus mit feinen Antennen wahr, ob er willkommen ist oder nicht. Wenn die Mutter mit ihren Alltagsbelastungen permanent beschäftigt ist und sich die Frage stellt, wie sie diese ganze Situation mit Baby bewältigen soll, besteht die Gefahr, dass sich Gedanken der Ablehnung schon während der vorgeburtlichen Entwicklung in der Seele des Kindes festsetzen. Ein Gefühl von »Ich komme zur falschen Zeit« oder »Ich passe gerade nicht ins Leben« macht sich in dem Ungeborenen breit.[15]

Kommt das Baby dann auf die Welt, bringt es genau dieses Lebensgefühl mit. Und mit diesem Gefühl gehen Kinder ganz unterschiedlich um. Das eine versucht vielleicht von Anfang an, alle seine Bedürfnisse zurückzunehmen und passt sich an. Es versucht, seine Mama glücklich zu machen und bloß nicht aufzufallen. Schnell kann es dann zu Missverständnissen zwischen Mutter und Kind kommen, da die Mutter die wirklichen Bedürfnisse des Kindes nicht sehen kann. Ein anderes Kind mit einem dominanteren Temperament erkämpft sich dagegen seinen Platz im Leben und fordert seine Bedürfnisse lautstark ein, indem es zum Beispiel viel weint und versucht, seinen Willen gegen die Mama durchzusetzen. Wenn solche Reaktionsmuster, die ihren Ursprung in der vorgeburtlichen Wahrnehmung haben, nicht bearbeitet werden, können sich diese langfristig auf die Beziehung zum Kind auswirken.

Aber nicht nur eine ungeplante Schwangerschaft, sondern auch das lange Warten auf ein Wunschkind trägt möglicherweise seine Tücken in sich. Nicht wenige Frauen und Männer leiden unter einer ungewollten Kinderlosigkeit: »Im Alter zwischen 20 und 50 Jahren ist jede beziehungsweise jeder Zehnte ungewollt kinderlos.«[16] Sie sehnen sich nach einem Baby und haben viele Jahre hinter sich, in denen sie alles darin investiert haben, schwanger zu werden. Diese Jahre sind geprägt von Entbehrungen, Stress, Terminen, emotionalem Druck, Sex nach Plan – möglicherweise verbunden mit der Erfahrung von Fehlgeburten. Hinter all dem verbergen sich Schmerz, Verlust und Trauer, die dem Leben die Leichtigkeit genommen haben. Tritt dann nach Jahren des Wartens und Bangens die erhoffte und lang ersehnte Schwangerschaft ein und ein gesundes Baby kommt zu Welt, ist die Freude riesengroß. Endlich ist das Baby da – endlich halten die Eltern ihr Glück in den Armen. Hier stellt sich die Frage, wie sehr dieses erhoffte Kind zum Lebensinhalt und Mittelpunkt wird. Wie sehr hängt das persönliche Glück der Eltern von diesem einen Menschen ab? Können die Eltern, die ihr Kind von Herzen herbeigesehnt haben, ihr Kind als eine eigenständige Persönlichkeit sehen? Oder ist das Kind durch das jahrelange Warten und Hoffen extrem in das Zentrum der Eltern gerückt? Dann besteht durchaus die Gefahr, dass das Kind einen überhöhten Platz einnimmt, dem es auf Dauer nicht gerecht werden kann.

Aber auch unabhängig von ungewollter Kinderlosigkeit kann die Erfahrung von Fehlgeburten Einfluss auf die Beziehung zu nachfolgenden Kindern haben. Es ist bedeutsam, das verlorene Kind zu betrauern, damit Eltern dem nächsten Kind seinen exklusiven, einzigartigen Platz zusprechen können – ein Platz, den jedes Kind für sich benötigt. Dieser Prozess ist wichtig, damit ein Baby nicht zum Lückenfüller wird und somit eine Rolle einnehmen muss, die nicht seine ist. Jedes Kind ist ein Unikat und kann niemals ein anderes Kind ersetzen. Wenn sich Eltern dessen nicht bewusst sind, können sich unbewusste Erwartungen mit ins Leben schleichen, die das Kind überfordern. Oder es kommt zu Spannungen und Machtkämpfen zwischen Mutter und Kind, weil das Kind schon mit der Schwangerschaft das diffuse Gefühl mit ins Leben nimmt, nicht am richtigen Platz zu sein, eine fremde Rolle einnehmen zu müssen.

Damaris hat genau das mit ihrer Tochter erlebt. Obwohl sie sich über die Geburt ihrer Tochter wirklich gefreut hat, gestaltete sich die Beziehung zu ihr schon nach kurzer Zeit als schwierig und belastend.

Als unsere zweite Tochter Johanna noch recht klein war, planten mein Mann und ich unser drittes Kind. Wir baten Gott um seinen Segen und tatsächlich wurde ich sofort schwanger. Wir freuten uns sehr! Gott hatte unseren Plan gesegnet! Was sollte da noch schiefgehen?

Doch kurz darauf verlor ich dieses Kind. Dies konnte ich nicht verstehen und meine Trauer war groß. Gott hatte doch unseren Plan gesegnet. Ich war verwirrt. Mein Mann und ich beschlossen daraufhin unsere Planung mit dem dritten Kind auf den Zeitpunkt zu verschieben, wenn unsere zweite Tochter in den Kindergarten käme. Im nächsten Zyklus war ich jedoch schneller als erwartet wieder schwanger. Ich brauchte einige Wochen, um mich nach dem Hoffen, Freuen und der Trauer auf dieses Kind einlassen zu können. Aber dann war klar: Ich freute mich auf mein drittes Kind und Rebekka kam zur Welt.

Die Beziehung zu meiner jüngsten Tochter Rebekka war allerdings schon schnell sehr anstrengend. Mit zehn Monaten beschloss sie, tagsüber nicht mehr zu schlafen und unsere Machtkämpfe begannen. Ich wollte, dass sie schlief. Sie wollte das nicht. Rebekka war willensstark und unberechenbar. Manchmal hatte ich das Gefühl, dass sie penetrant auf Rebellion aus war, und sie zeigte ein Wut-Verhalten, welches ich von ihren Geschwistern nicht gewohnt war. Wie oft betonte ich, auch in ihrem Beisein, wie sehr sie sich von ihren Schwestern unterscheide und wie anders sie sei. »Wäre meine dritte Tochter als erstes Kind geboren, hätte ich nur ein Kind!« Diese Aussage konnte man oft von mir hören. Aus ihr sprach meine Verzweiflung und Kraftlosigkeit.

Wie ich ihr Selbstbild damit prägte, zeigte sich in einem Urlaub. Sie wurde aus Versehen mit einem Wasserski am Kopf getroffen und erklärte, dass dies nicht schlimm sei. In ihrem Kopf sei eh nicht alles in Ordnung. Sie sei ja als Kind von der Terrasse gefallen. Mich traf es, dass sie sich selbst als »nicht in Ordnung in ihrem Kopf« bezeichnete, und der Sturz von der Terrasse war ihr Erklärungsversuch dafür. Ich hatte ein schlechtes Gewissen, wusste mir aber nicht zu helfen.

Einmal durfte Rebekka in den Osterferien für zehn Tage zu meinen Eltern. Ich war erschüttert, als ich merkte, dass ich sie nicht vermisst hatte und fast traurig war, als die zehn Tage rum waren. Dafür wiederum schämte ich mich. Immer wieder brachte ich dies vor Gott. Doch es schien keine Lösung zu geben. Das Kind war halt schwierig, und ich musste wohl da durch. Insgesamt war unsere Beziehung ambivalent – sie war sowohl von Liebe geprägt, aber auch vom steten Konkurrenzkampf. Es gab solche und solche Tage. Nie wusste ich, wie viel Kraft mich dieser Tag kosten würde.

Jahrelang hat Damaris mit dieser angespannten Situation gelebt und keinen Ausweg daraus finden können. Aber als Rebekka sieben Jahre alt war, zeigte ihr Gott selbst, worin der Grund für die Schwierigkeiten zwischen ihr und ihrer Tochter bestand. Weil Damaris schon so schnell nach der Fehlgeburt ihres dritten Kindes wieder schwanger geworden war und kaum Zeit hatte, das verlorene Kind zu betrauen, wurde Rebekka zu ihrem dritten Kind. Eine Position, die nicht die richtige war. Das war nicht ihr Platz. Das drückte sich von Anfang durch eine gewisse Anspannung zwischen Mutter und Tochter aus, die allerdings schwer zu fassen war. Wie genau Gott Damaris begegnete, diese Zusammenhänge aufgedeckt hat und wie sich Damaris dann ganz neu auf ihr viertes Kind einlassen konnte, erzählt sie in dem Kapitel »Der Weg der Annahme« noch genauer.

Die Vorgeschichte bei Pflege- oder Adoptivkindern

Die Zahl der Pflegekinder ist in den letzten Jahren deutlich gestiegen. Etwa 81 000 Kinder und Jugendliche wurden im Jahr 2017 in einer Pflegefamilie untergebracht.[17] Und laut Statistischem Bundesamt wurden 2019 in Deutschland etwas über 3700 Kinder und Jugendliche adoptiert, davon ein Drittel durch nicht verwandte Personen.[18] Die Auslandsadoptionen sind hier noch nicht mitgerechnet. All diese Kinder bringen eine besondere oder anspruchsvolle Lebensgeschichte mit, was Gott sei Dank nicht bedeutet, dass eine negative Lebenslinie vorprogrammiert ist. Trotz aller schlechten Erfahrung, die ein Kind gemacht hat, besteht in den meisten Fällen die Hoffnung, dass diese durch gute Erfahrungen und ein reflektiertes und liebevolles Zuhause ein Stück ausgeglichen und aufgefangen werden können.

Gleichzeitig zeigt die Realität aber auch, dass Adoptiv- und Pflegefamilien zeitweise oder auch dauerhaft mit besonderen Belastungen zu kämpfen haben, die zu Beginn nicht unbedingt erwartet wurden. Die Vorgeschichte kann nicht ausgeklammert werden und zieht sich häufig durch viele Lebensbereiche. Ein Großteil der Adoptiv- und Pflegekinder hat den Verlust einer Bindungsperson erlebt, manche haben Gewalt- oder Mangelerfahrungen gemacht. Adoptiv- und Pflegekinder sind häufiger traumatisiert als andere Kinder, zeigen Verhaltensauffälligkeiten oder leiden möglicherweise an einer psychischen Störung. Nicht selten spielen auch die Folgen pränataler Einflüsse im Mutterleib eine Rolle, zum Beispiel in Form einer Schädigung durch Nikotin-, Drogen- oder Alkoholkonsum in der Schwangerschaft, die man zum Teil erst später erkennen kann. Nicht selten waren Adoptiv- und Pflegekinder in der Schwangerschaft der psychischen Belastung der Mutter ausgesetzt.

Paare, die sich für ein Pflegekind oder eine Adoption entscheiden, sind sich dieser Tatsachen sehr bewusst. Sie werden durch Jugendämter und Adoptionsvermittlungsstellen umfassend über die besondere Situation aufgeklärt und mehr oder weniger intensiv auf den Umgang mit diesen Herausforderungen vorbereitet. Darüber hinaus werden Pflege- und Adoptiveltern in der Regel auf Herz und Nieren geprüft, ob sie dieser besonderen Verantwortung gerecht werden können. Deswegen kann man davon ausgehen, dass Adoptiv- und Pflegeeltern sehr engagiert und voller Leidenschaft ein Familienleben mit ihrem angenommenen Kind beginnen und alles in ihrer Macht und Kraft Stehende tun, um dem Kind ein sicheres Zuhause der Geborgenheit und Annahme zu schenken. Nachdem das Pflegekind dann in sein neues Zuhause gezogen ist, werden die Eltern weiterhin von den Jugendämtern unterstützt, wobei es hier qualitative Unterschiede gibt. Manche berichten von einer hilfreichen und konstruktiven Begleitung, andere erleben leider genau das Gegenteil. Noch schwerer haben es Adoptiveltern. Der Kontakt der Adoptionsvermittlungsstelle zu den Eltern wird so lange gehalten, bis die Adoption abgeschlossen ist. Dann sind die Eltern dieser besonderen Kinder auf sich allein gestellt, weil sie den gleichen Stand wie leibliche Eltern haben. Das, was die Eltern vorab in der Theorie gelernt haben, muss nun im echten Leben mit den Kindern umgesetzt werden.

Gemeinsam haben die meisten Familien, dass die besondere Geschichte ihrer Kinder die gesamte Familie über Jahre hinweg beeinflusst und beschäftigt. So erlebten das auch Antje und Holger, die drei Kinder aus dem Ausland adoptiert haben. Eigentlich sind sie eine ganz normale Familie mit einzigartigen Kindern, aber auch eine ziemlich bunte Familie mit einem Alltag, der mehr fordert, als Antje und Holger es ursprünglich gedacht haben.

Nachdem wir einige Jahre zuversichtlich, mutig, aber dann auch verunsichert, frustriert und verzweifelt vergeblich versucht haben, leibliche Kinder zu bekommen, haben wir uns mit dem Thema Adoption beschäftigt. Bis es dann so weit war, mussten wir noch einiges erleben und lernen. Dazu gehörte das Abschiednehmen von dem Gedanken der Schwangerschaft und der Möglichkeit, leibliche Kinder zu haben, und von dem Gedanken, unseren Kindern von Anfang an einen guten, sicheren und stabilen Start zu geben. Wir wurden von einem Psychologen begutachtet, unsere finanzielle und berufliche Situation, unser Zuhause wurden genau beleuchtet. Wir wurden auch auf verschiedene Weise darauf aufmerksam gemacht, dass zur Adoption freigegebene Kinder Auffälligkeiten mit sich bringen können wie Angstzustände, Einnässen, Einkoten, Lügen, Klauen, Schulverweigerung, Aggressionen und so weiter. Auf das alles waren wir theoretisch vorbereitet, und wir haben uns sehr bewusst für die Adoptionen entschieden. Wir wollten Eltern mit aller Freude und aller Verantwortung sein.

Unsere Kinder waren bei der Adoption zwischen 11 und 23,5 Monate alt. Jeder meinte, das junge Alter sei positiv, da die Kinder dann ja weniger schlimme Erfahrungen gemacht hätten und davon auch nichts im Bewusstsein bleiben würde. Mittlerweile wissen wir, dass das nicht so ist. Die frühen Erfahrungen des Ungewolltseins, Angst, Mangel an Nahrung und emotionaler Zuwendung und große Verunsicherung haben Einfluss auf die seelische Entwicklung unserer Kinder genommen.

Unser Sohn, der mit 11 Monaten zu uns kam, hat eine diagnostizierte reaktive Bindungsstörung im Kindesalter. Als Kindergartenkind konnte er sich schlecht von mir (Mutter) lösen und unbefangen im Kindergarten spielen. Offizielle Programme wie turnen gehen, schwimmen lernen oder Vereinsfußball hat er immer abgelehnt und gelitten, wenn wir ihn dann doch zu seinem Glück gezwungen haben. Allerdings nur so lange, bis ich das Fußballfeld verlassen habe, dann blühte er auf und hatte den größten Spaß. Jahrelang Theater im Auto auf dem Hinweg – und Entspannung, Gelassenheit und Glück auf dem Rückweg, weil er so viel Spaß an der Sache hatte. Dieses Verhalten zieht sich bis heute durch sein gesamtes 13-jähriges Leben. Schule und Hausaufgaben sind doof und unnötig. Er lässt sich im Unterricht leicht ablenken, stört ständig, wird gemaßregelt, findet alle ungerecht, streitet sich ständig mit seinen besten Freunden, begeht Vertrauensbrüche bei uns und seinen Geschwistern. Hinter all diesen Auffälligkeiten liegt ein Bindungsproblem, was sich durch ein gestörtes Verhältnis zu den engsten Bezugspersonen, also uns Eltern, ausdrückt.

Er muss ständig alles wissen, hinterfragen und kontrollieren, denn er hat ja bereits am eigenen Leibe erfahren, dass man verlassen wird, dass man am besten nur sich selbst vertraut und autonom sein muss, wenn man nicht wieder verletzt werden will. Er kann nie genug bekommen von Aufmerksamkeit, Liebe, Essen, Getränken, Süßigkeiten … Das führt im täglichen Miteinander immer wieder zu heftigen Wutattacken. In unregelmäßigen Abständen kommt es zu Beschimpfungen, Beleidigungen gegenüber uns Eltern, Dinge fliegen durch die Gegend, werden zerbrochen, Bilder fallen von Wänden. Seine absichtlichen verbalen Verletzungen treffen ihr Ziel durchaus, zu guter Letzt kommt das Argument, wir seien ja nicht seine Eltern und könnten ihm gar nichts vorschreiben.

Und dann gibt es Phasen, in denen er sein wirkliches Ich zeigen kann. Da spricht ein entspannter Jugendlicher mit uns, erzählt begeistert, hilft bereitwillig bei handwerklichen Aufgaben am Haus, gibt sein letztes Taschengeld für seine Geschwister aus. Der Übergang zwischen diesen beiden Daseinsformen ist fließend bzw. sehr spontan richtungsändernd.

Wir Eltern sehen uns täglich, ja stündlich neuen Herausforderungen gegenüber. Wir stellen Regeln auf, setzen enge Grenzen, kontrollieren ständig und fordern vorsichtig ein. Immer wieder kommt uns die nagende Frage in den Sinn, wie lange wir das emotional und kräftemäßig aushalten können.

Antje und Holger erleben in ihrem Alltag immer wieder, wie ihre eigene Kraft auf die Probe gestellt wird. Sie lieben ihre Kinder, merken aber auch, dass der Umgang mit ihnen sehr an die Substanz geht. Wie genau sie diese Herausforderungen Tag für Tag bewältigen und ein weites Herz für ihre Kinder behalten können, werden sie an einer späteren Stelle im Kapitel »Emotionale Stabilität: Ich halte dich aus!« beschreiben.

Die Glaubensentwicklung

Für viele Eltern spielt die Glaubensentwicklung ihres Kindes eine wichtige Rolle. Die Grundüberzeugung christlicher Eltern ist, dass der persönliche Glaube ein Fundament für ein gelingendes Leben ist – mit Folgen weit über das irdische Leben hinaus. Denn der Glaube an Jesus ist die Voraussetzung für das ewige Leben in Gottes Reich, ein Leben, das nicht aufhört und über unsere Zeit auf der Erde hinausgeht. So tragen Eltern logischerweise den tiefen Wunsch in sich, dass sich ihre Kinder ebenso wie sie für eine Beziehung mit Gott entscheiden und Gottes Werte in ihr Leben integrieren. Sie setzen alles daran, ihren Kindern von Anfang an Gott nahezubringen. Sie erzählen Geschichten aus der Bibel, singen mit ihnen, nehmen sie in den Kindergottesdienst mit, beantworten ihre Fragen, leben ihren eigenen Glauben vor, beten gemeinsam mit ihren Kindern – immer in der Hoffnung, dass sie sich diesem Gott anvertrauen. Leben Eltern ihren Glauben auf eine positive und einladende Weise vor, fällt es Kindern in der Regel leicht, Gott in ihr Leben zu integrieren. Ganz natürlich erleben sie Gott als Bestandteil ihres Lebens, auch wenn sie ihn nicht sehen können. Sie beobachten alles und wenn sie mitkriegen, dass Mama und Papa beten oder in der Bibel lesen, machen sie das nach. Sie machen sich ihre kindlichen Gedanken zu diesem unsichtbaren Wesen, ziehen ihre Schlüsse und entwickeln ihren ganz eigenen kindlichen Glauben. Kinder, die ein Umfeld der Sicherheit und Geborgenheit kennengelernt haben, haben die besten Voraussetzungen dafür, dass sie sich auf kindliche Art und Weise Gott anvertrauen können. Natürlich gibt es Gott, natürlich sorgt er für die Menschen und natürlich können wir mit ihm sprechen. Und so empfinden Eltern große Freude, wenn Kinder ihre eigenen ersten Gebete selbst sprechen, kreative Fragen stellen und ihr kindliches Vertrauen zum Ausdruck bringen.

Der kindliche Glaube wird und darf so aber nicht stehen bleiben. Genauso wie sich Kinder auf kognitiver Ebene entwickeln, verändert sich auch ihr Glaube und ihre Gottesbeziehung.[19] Und das ist gut so. Jüngere Kinder stellen sich Gott sehr konkret vor, regelrecht greifbar. Sie schauen in den Himmel, machen sich lang und zeigen mit ihren Händen nach oben: »Dort im Himmel ist Gott.« Im Laufe der Grundschulzeit sind Kinder dann mehr und mehr in der Lage, sich Gott abstrakter vorzustellen. Die Aussage, dass Gott in unseren Herzen wohnt, wird für sie Schritt für Schritt denkbarer und realer. Kommen Kinder in die Pubertät, gibt es noch mal eine bedeutsame Veränderung. In dieser Zeit wird die Frage nach der eigenen Identität zu einem zentralen Lebensthema und daran ist natürlich auch die Frage nach den eigenen Werten eng gekoppelt. Wer bin ich? Wofür lebe ich? Wie sieht meine Zukunft aus? Diese Fragen treiben Jugendliche mehr oder weniger bewusst um, und so ist es völlig normal, dass bisher gültige und selbstverständliche Werte infrage und auf den Prüfstand gestellt werden. Diese Phase ist, auch wenn sie für viele Eltern mit Ängsten und Sorgen besetzt ist, absolut notwendig, da sich auf diese Weise der persönliche Glaube zu einer persönlichen Überzeugung entwickeln und festigen kann. Werden geistliche Wahrheiten auf den Prüfstand gestellt, ist das ein Zeichen dafür, dass Jugendliche nicht nur einfach das übernehmen möchten, was ihre Eltern ihnen vorgelebt haben. Sie wollen eigene Entscheidungen treffen und dazu gehört eben auch, dass kritische Fragen ernst genommen werden müssen, damit eine ehrliche und authentische Auseinandersetzung mit dem eigenen Glauben möglich ist.[20] Zahlreiche junge Erwachsene, die von Kindheit an den christlichen Glauben erlebt haben, berichten von einer Phase des Zweifels und der Unsicherheit in ihrer Jugendzeit. Irgendwann kamen sie dann an den Punkt, sich ganz bewusst für ein Leben mit Gott zu entscheiden. Für diese Entwicklung sollten Eltern eine Offenheit mitbringen, weil ein ehrlicher und offener Umgang mit Zweifeln und Fragen dazu beitragen kann, dass Jugendliche schließlich einen mündigen und reifen Glauben entwickeln können. Diese Haltung wird allerdings auch von einer gewissen Spannung begleitet, weil keiner vorhersagen kann, wie sich ein zweifelnder und kritischer Jugendlicher entscheiden wird. Der christliche Glaube fußt auf einer freien, persönlichen Entscheidung und das schließt auch unsere Kinder mit ein. Eltern können den Glauben ihrer Kinder nicht machen. Es gibt keine Garantie dafür, dass Kinder ihren Glauben ein Leben lang behalten. Wir können gute Rahmenbedingungen schaffen und doch bleibt es die freie Entscheidung unserer Kinder, wie sie ihr Leben gestalten möchten, wenn sie erwachsen sind. Diese Spannung wird auch in der Familienstudie von Tobias Künkler und Tobias Faix beschrieben. Eltern stecken in einem Dilemma: »Eltern wollen, dass sich ihre Kinder frei für den Glauben entscheiden, und gleichzeitig ist der Glaube für sie alternativlos.«[21] Der Glaube ist deswegen alternativlos, weil er letztlich auch das Seelenheil, die Ewigkeitsperspektive betrifft und weit über dieses Leben hinausgeht. So ist es verständlich, dass Ängste und Sorgen bei Eltern groß sind, wenn junge Erwachsene sich für einen Lebensweg ohne einen lebendigen Glauben entscheiden, einen komplett anderen Glauben wählen oder sogar eine bewusst ablehnende und atheistische Lebenshaltung einnehmen. Der Journalist Andreas Malessa formuliert es so:

> Dass Kinder aber geistlich den Glauben, das Christsein, die kirchliche Bindung, das missionarisch-diakonische Engage-

> ment ihrer Herkunftsfamilie ablehnen oder ablegen wie einen verschlissenen Wintermantel – das tut frommen Eltern weh. Weil es im Kern eine Geringschätzung oder gar Ablehnung ihres Welt- und Menschenbildes, ihrer Weltanschauung und Weltordnung darstellt.[22]

Möglicherweise fühlen sich aber nicht nur die Eltern mit ihrem Glauben abgelehnt, sondern das Kind fühlt sich mit seiner Überzeugung in gleicher Weise abgelehnt. Dann kann es zu einer tragischen Entfremdung zwischen Eltern und Kind kommen. Wenn es keinen Raum für einen offenen und ehrlichen Austausch gibt, wenn Enttäuschung und Sprachlosigkeit in den Vordergrund treten, stehen manche Eltern am Ende vor einem Scherbenhaufen, den sie nie erwartet hätten.

Die sexuelle Orientierung und geschlechtliche Identität

Nun möchte ich noch einen Themenblock ansprechen, der viele Fragen aufwirft, auf die es keine Pauschalantworten gibt, und der deswegen einen sensiblen und differenzierten Umgang erforderlich macht. Es geht um die sexuelle Orientierung und geschlechtliche Identität – Themen, die glücklicherweise ganz langsam auch in der christlichen Welt aus der Tabuzone herauskommen.

In der Regel berührt die sexuelle Orientierung Eltern von erwachsenen Kindern, weil diese erst im späten Jugendalter oder Erwachsenenalter zum Thema wird. Die wenigsten Eltern machen sich wahrscheinlich Gedanken darüber, wie sie damit umgehen wollen, wenn sich herausstellt, dass das eigene Kind homosexuell oder bisexuell empfindet. Die meisten gehen ganz natürlich davon aus, dass sich ihr Kind wie die Mehrheit der Menschen und sie selbst entwickelt und eine heterosexuelle Orientierung in sich trägt.

Wenn sich von dieser Norm eine Abweichung abzeichnet, ist es zunächst verständlich, dass sich bei vielen Eltern Irritation, Verunsicherung und möglicherweise auch Trauer einstellt. Auf einmal tritt eine Thematik in ihr Leben, mit der sie nicht gerechnet haben. Mit dem Outing ihres Kindes werden diese Eltern mit einer Realität konfrontiert, die häufig nicht ihrem Bild, das sie sich von ihrem Kind gemacht haben, entspricht.

Für Christen bringt das Thema Homosexualität in der Regel auch die theologische Fragestellung mit sich, ob sie mit den biblischen Werten vereinbar ist oder nicht. Genau das kann eine enorme Spannung in der Familie verursachen: Auf der einen Seite will man zu seinem eigenen Kind stehen, auf der anderen Seite lebt es einen Lebensstil, der den eigenen Werten womöglich widerspricht. Für Christen, die die biblischen Texte dazu so verstehen, dass Homosexualität nicht mit Gottes Willen vereinbar ist, ist diese Spannung kaum aufzulösen. Aber auch Eltern, die diese Meinung nicht teilen, können hier schlichtweg überfordert sein. Vielleicht auch, weil ihnen das ganze Thema fremd ist. So haben sie sich Familienleben und die Zukunft ihres Kindes nicht vorgestellt, und das löst natürlich erst mal Gefühle der Enttäuschung, der Trauer und des Verlustes aus. Diese inneren Reaktionen der Eltern sind verständlich und sollten auch in einer Gesellschaft, die sich Gott sei Dank gegen die Diskriminierung homosexuell empfindender Menschen richtet, immer ihren Platz haben. Eltern dürfen enttäuscht und traurig sein. Die entscheidende Frage, die sich Eltern aber stellen müssen, ist: »Steht die sexuelle Orientierung meiner Beziehung zu meinem Kind im Weg oder bleibt mein Kind trotzdem mein Kind – mit allem, was es ausmacht?«

Aber nicht nur das Thema Homosexualität kann Eltern überfordern. Darüber hinaus können Themen wie Transsexualität und

Intersexualität Eltern verunsichern und ganze Familiengefüge zutiefst belasten. Diese beiden Themen nehmen hier noch mal eine Sonderstellung ein, da es genau genommen gar nicht um eine sexuelle Orientierung, sondern um eine Identitätsfrage geht, sodass hier noch mal eine differenzierte Betrachtung notwendig ist. Ist seelisch oder körperlich nicht eindeutig klar, zu welchem Geschlecht das eigene Kind gehört, führt das natürlich zunächst zu einer großen Verunsicherung. Auf die Frage, welcher Weg nun der richtige ist, gibt es keine einfachen Antworten und das würde auch den Rahmen dieses Buches sprengen. Und doch ist es mir wichtig, in diesem Kontext kurz auf die Themen Inter- und Transsexualität einzugehen.

Bei der Intersexualität ist nicht eindeutig zu erkennen, ob ein biologisch männliches oder weibliches Geschlecht zugrunde liegt. Da es für Intersexualität unterschiedliche Gründe gibt und weil sie verschieden stark ausgeprägt sein kann, wird sie nicht in allen Fällen direkt bei der Geburt erkannt. Manchmal wird diese erst in der Pubertät oder im Erwachsenenalter festgestellt. Man kann erahnen, welche Herausforderung diese Besonderheit der Natur für die Familien bedeutet – eine Herausforderung, die etwa 80 000 bis 120 000 Menschen und ihre Angehörigen in Deutschland betrifft und immer noch ein großes Tabu in unserer Gesellschaft darstellt.[23] Lange Zeit hat man versucht, durch einen frühen operativen Eingriff eine Eindeutigkeit zu erzwingen und somit Sicherheit herzustellen. Allerdings hatte dieses Vorgehen für zahlreiche Kinder traumatische Folgen, weil sich ihr Leben einfach nicht richtig anfühlte. Immer wieder findet man in der Literatur Erlebnisberichte, die genau dies beschreiben.

So wie Christiane Völlig, die als Mädchen einen zu großen Kitzler hatte. Die Geburtshelfer interpretierten ihn als Mikropenis und machten sie zum Jungen »Thomas«. Jahrzehntelang fühlte sie sich falsch in diesem Geschlecht. Mit 17 Jahren entdeckte ein Chirurg bei dem vermeintlichen Jungen in einer Blinddarm-Operation Gebärmutter und Eierstöcke. Mit 18 Jahren wurden sie ihr ohne ausreichende Aufklärung entfernt, männliche Botenstoffe wurden verabreicht und damit der Körper weiter vermännlicht. Erst mit weit über 40 Jahren erfuhr sie die ganze Geschichte – und lebt inzwischen nach einem langen Weg als Frau.[24]

Geschichten dieser Art fordern unsere Gesellschaft und Eltern heraus, ihre Haltung diesbezüglich zu sensibilisieren und hier eine große Offenheit mitzubringen. Kein Mensch hat in der Hand, ob das eigene Kind ein Junge, ein Mädchen oder ein intersexuelles Kind ist. Die spannende Frage aber ist, wie gehen Eltern damit um, wenn sie die Info über das besondere Geschlecht ihres Kindes bekommen: Können sie ihr Kind dann so annehmen, wie es ist? Sind sie bereit, sich auf diese Besonderheit einzustellen und ihr Kind nicht in eine Richtung zu zwingen, die ihnen selbst am liebsten wäre?

Eine ähnliche Spannung bringt das höchst komplexe Thema der Transsexualität mit sich, bei der vereinfacht gesagt ein Mensch das Gefühl hat, im falschen Körper zu stecken. Die körperlichen Merkmale stehen in Konflikt mit der eigenen Geschlechtswahrnehmung. Einige Menschen haben diese Empfindungen schon ganz früh in ihrer Kindheit, andere erst im späteren Verlaufe ihres Lebens. Auch hier stellt sich die Frage, wie Eltern darauf reagieren, wenn sich das Kind, in welchem Alter auch immer, in diese Richtung äußert. Bleibt dieses Thema für sie ein Tabu, ein No-Go? Oder sind sie offen, ihrem Kind zuzuhören, um Verständnis zu ringen und je nach Situation den Weg des Kindes mitzugehen?

Egal wie wir theologisch oder ethisch zu diesen Themen stehen, die Kernfrage für uns Eltern ist immer: »Was macht all das mit meiner Beziehung zu meinem Kind?«

Die Lebensumstände

Zum Schluss dieser Liste möchte ich den Fokus noch darauf richten, dass eine belastete Beziehung zwischen Eltern und Kind nicht immer auf die Besonderheit oder eine Eigenschaft des Kindes zurückzuführen ist. Manchmal sind es einfach nur die aktuellen Lebensumstände, die Kraft rauben, den Alltag zu einer Zerreißprobe machen und Einfluss auf den Umgang zwischen Eltern und Kind haben. Beruf, Haushalt und vielleicht sogar Hausbau, Ehrenamt und viele Aufgaben mehr nehmen Eltern in der Familienzeit sehr in Anspruch. Manche Familien haben darüber hinaus noch mit besonderen Umständen zu kämpfen, zum Beispiel mit finanziellen Engpässen, einer Beziehungskrise oder Trennung, Arbeitslosigkeit, Krankheit in der Familie oder pflegebedürftigen Eltern. Das alles kann Eltern sehr an die Belastungsgrenze bringen.

Aber auch ohne diese besonderen Lasten ist in vielen Familien Zeit Mangelware und der Alltag eng getaktet. Und wenn es nach einem langen Arbeitstag zu Hause mit den vielen kleinen Baustellen weitergeht, ist es einfach anstrengend. Das Kinderzimmer ist nicht aufgeräumt, das Fahrrad wieder mal nicht in den Keller gestellt, die Hausaufgaben nicht erledigt. Keiner hat die Spülmaschine ausgeräumt, die Geschwister streiten sich, wer beim Abendessen neben Papa sitzen darf, und wieder fällt ein Glas beim Abendessen um. Zu guter Letzt knallt die pubertierende Tochter heftig ihre Zimmertür zu, weil sie am Wochenende um 22 Uhr zu Hause sein soll. Von einem harmonischen und entspannten Abendessen keine Spur. Und zwischen Tür und Angel kommt dann noch ein

Anruf aus der Schule, dass für das nächste Schulfest dringend Hilfe erforderlich ist. Nichts läuft so, wie man es sich erhofft hat. Wie soll man da die Ruhe bewahren und freundlich und zugewandt seinen Kindern begegnen?

In diesem Alltagsgeschehen kann es schnell passieren, dass Eltern nur noch auf das reagieren, was gerade passiert: Streitigkeiten schlichten, reglementieren, zur Ordnung rufen und ermahnen. All das beherrscht dann den Familienalltag. Der Blick für die positiven Seiten des Kindes geht häufig verloren und Worte der Wertschätzung und Ermutigungen rücken in der Folge immer mehr an den Rand. So manche Mutter und so mancher Vater hat sich schon gefragt: »Für was soll ich mein Kind denn loben? Es läuft doch immer nur alles schief? Mir fällt einfach nichts ein.«

Ein möglicher Grund für solch herausfordernde Familiensituationen könnte sein, dass letztlich alle Familienmitglieder mit dem vollen Alltag überfordert sind. Die überhöhten und falsche Erwartungen der Eltern, dass die Kinder funktionieren und sich dem eigenen Rhythmus anpassen sollen, wären dann die eigentliche Ursache für die angespannte Beziehung zwischen Eltern und Kindern.

In den letzten Jahren hat sich sehr stark der Trend entwickelt, dass Kinder immer früher und länger in öffentlichen Einrichtungen betreut werden. Nach der ein- bis zweijähren Elternzeit entschließen sich viele Eltern, wieder in ihren Beruf zurückzukehren. Ebenso wurde die Ganztagsbetreuung enorm ausgeweitet. Dafür gibt es gute und oft auch nachvollziehbare Gründe. Und doch stelle ich mir die Frage, ob wir dabei wahrnehmen, dass diese enge Zeitplanung ihren Preis hat. Viele Kinder unter drei Jahren sind noch nicht in der Lage, sich auf eine ausgeprägte Fremdbetreuung in einer Krippe einzulassen und erleben die Zeit ohne Mama und Papa als großen Stress.

Tragischerweise sieht man einigen dieser Kinder diesen Stress nicht direkt an, weil sie früh gelernt haben, sich anzupassen. Und auch für so manches Kindergarten- oder Grundschulkind ist es eine große Anstrengung, viele Stunden am Tag außer Haus zu sein, meistens verbunden mit einem hohen Lärmpegel, zum Beispiel in der Ganztagsbetreuung der Schule. Dazu kommen dann häufig noch Hobbys außerhalb der Schule wie Sport und Musikunterricht. Wenn Kinder allerdings in ihrem Alltag einen dauerhaft erhöhten Stresslevel in sich tragen, macht sich das irgendwann an ihren Reaktionen bemerkbar. Dann laufen sie einfach nicht mehr mit, sondern ecken zu Hause an, weil der Akku leer ist. Denn Kinder lassen sich nicht einfach in ein Schema pressen. Viele Kinder brauchen lange Eingewöhnungszeiten beim Start in der Krippe oder in den Kindergarten und genügend Rückzugszeiten im eigenen Zuhause, um die Reize des Tages zu verarbeiten. Sie haben ihre ganz eigenen Bedürfnisse, die im Alltag ausreichend gesehen werden müssen. Ist kein Platz dafür da, reagieren sensiblere Kinder langfristig wenig kooperativ, was der gesamten Familienatmosphäre schadet. So manche Eltern-Kind-Beziehung leidet einfach unter dem ganz normalen Alltagsstress und der Rushhour des Lebens, ähnlich wie es in Paarbeziehungen der Fall sein kann, wenn der Alltag dominiert und kein Platz mehr für Qualitätszeiten ist. Möglicherweise sind Eltern auch so sehr mit ihren eigenen Problemen belastet, dass sie gar keine Energie und Muße haben, sich mit den Bedürfnissen ihrer Kinder auseinanderzusetzen.

Vor diesem Hintergrund möchte ich dich sehr ermutigen, dir deine eigenen Lebensumstände und den Alltag mit deiner Familie genauer anzusehen und zwischendurch innezuhalten. Nicht alles haben wir in der Hand. Manche Umstände sind schlicht nicht veränderbar. Als alleinerziehendes Elternteil ist eine Fremdbetreuung unabänderlich. Und ebenso können Krankheiten in der Familie oder der Verlust eines Elternteils nicht einfach so weggewischt werden. Dann ist Unterstützung und ein soziales Netz erforderlich, um all das meistern zu können, sodass die Eltern-Kind-Beziehung auf Dauer nicht leidet.

Gleichzeitig sind wir aber auch gut beraten, das, was wir verändern können, nicht einfach so laufen zu lassen. Dann ist es erforderlich, Prioritäten zu überdenken, gute Entscheidungen zu treffen und den Alltag zu entschleunigen. Kinder profitieren von Eltern, die bei ihrer Lebens- und Berufsplanung das Wohl und die individuellen Bedürfnisse ihrer Kinder nicht aus den Augen verlieren und eine gute Portion Flexibilität mitbringen. Manchmal kann es die richtige Entscheidung sein, mit dem Wiedereinstieg in den Job noch etwas zu warten, den Kitastart zu verschieben, alternative Betreuungsformen zu suchen, mit finanziellen Einschränkungen zu leben, ein Ehrenamt niederzulegen oder nicht jede Beförderung sofort anzunehmen. Denn mangelnde Zeit ist nicht selten der Grund für Alltagsstress und Konflikte.

Bedingungslose Liebe als Herzensschlüssel

Wir sehen: Die Bandbreite, warum ein Kind oder das Familienleben anders als erträumt sein kann, ist groß. Und doch gibt es bei den Unterschieden der Stolpersteine und der Geschichten eine Gemeinsamkeit: Das Anderssein kann sich über die Jahre belastend auf die Beziehung zum Kind auswirken. Ist die Situation angespannt, rückt der Blick für den kostbaren Kern des Kindes und seine Stärken sehr oft in den Hintergrund. Die Schwierigkeiten bestimmen das Miteinander und irgendwann resignieren die Eltern. Kinder werden als schwierige Kinder empfunden und erleben die Liebe ihrer

Eltern nicht mehr. Extrem wird die Situation besonders dann, wenn Kinder sich im Jugendalter weit von den Vorstellungen und Werten der Eltern entfernen. Eine vertrauensvolle und wertschätzende Beziehung scheint dann nicht mehr möglich zu sein.

Als mein Sohn in die weiterführende Schule kam, verschärften sich unsere Probleme, Jan fühlte sich in der neuen Schule nicht wohl, konnte das aber schlecht in Worte fassen. Stattdessen isolierte und verweigerte er sich immer mehr. Zu Hause eskalierte es oft, weil Jan mit seinen Gefühlen überfordert war, sodass wir wieder Hilfe suchten. Es wurde dann zusätzlich zu seiner Hochbegabung ein leicht ausgeprägtes ADS diagnostiziert und wir bekamen medikamentöse und therapeutische Hilfe. Für manches hatte ich einen Namen – Hochbegabung und ein bisschen ADS – aber einige Dinge blieben über Jahre noch diffus, bis wir schließlich auf das Thema Asperger-Syndrom (eine Form des Autismus) stießen. Wir bekamen diese Diagnose, als Jan fast 17 Jahre alt war, und konnten rückblickend endlich verstehen, warum es manchmal so schwer war, einen Zugang zu ihm zu finden, und warum er so auf die ihn überfordernde Welt reagiert hatte. Es war gut, dass wir einen Namen für seine Sicht auf die Welt bekamen, weil wir Zusammenhänge verstehen und ihn nun auch besser begleiten konnten. Aber dieses Wissen allein hat unsere Beziehung nicht gerettet. Wir haben leider viele kostbare Jahre verloren, weil Jans Autismus erst so spät erkannt wurde. Aber auch mit einer frühen Diagnose kann es passieren, dass sich an der Beziehung zwischen dem so besonderen Kind und den Eltern nichts ändert.

Für mich war entscheidend, dass ich schon Jahre vorher verstanden hatte, dass ich das Anderssein meines Kindes akzeptieren musste und nicht dagegen ankämpfen durfte. Und dieses Verstehen im Kopf hat sich über die Jahre zu einer Herzenshaltung entwickelt: Egal, was auch passiert, die Tür zu meinem Herzen sollte immer offen sein! Eine Entscheidung, die ich mir immer wieder neu erkämpfen musste.

Es ist nicht die Aufgabe eines Kindes, seinen Eltern ein zufriedenes Leben zu ermöglichen. Vielmehr ist es unsere Verantwortung als Väter und Mütter unseren Kindern all das zu geben, was sie für eine emotionale Stabilität brauchen: die absolute Sicherheit, immer geliebt zu sein, ganz egal, was passiert. Echte Liebe drückt sich darin aus, dass sie bedingungslos ist. Das ist ein hoher Anspruch, dem Eltern vielleicht nicht immer zu jeder Tages- und Nachtzeit gerecht werden können. Aber darum geht es auch nicht. Es geht um die grundlegende Bereitschaft, Liebe nicht von Leistung abhängig zu machen und auf die Bedürfnisse des Kindes einzugehen. Das können Eltern schaffen, weil der Wunsch nach stabilen Beziehungen in uns Menschen angelegt ist – und weil wir mit dieser Aufgabe nicht allein sind. Mit Gottes Hilfe können wir das meistern.

DIE BEDÜRFNISSE UNSERER KINDER

Wird ein Kind geboren, braucht es Schutz, Sicherheit, Zuwendung und die grundlegende und ganzheitliche Zusage, dass es willkommen und liebenswert ist. Wenn Kinder die tiefe Gewissheit in sich tragen, dass sie um ihrer selbst willen geliebt werden – mit ihrer ganzen Persönlichkeit und ihrem ganzen Wesen – können sie ein starkes und stabiles Selbstwertgefühl aufbauen und in sich ruhen.

Der Pastor und Seelsorger Gary Chapman hat das sehr anschaulich mit dem Bild des emotionalen Tankes verdeutlicht. Jeder Mensch trägt in sich einen Tank, der mit Liebe und Wertschätzung gefüllt werden will. Nur wenn dieser Liebestank gefüllt ist, ist genügend emotionale Energie dafür da, das Leben zu meistern und sich den Anforderungen des Lebens zu stellen. Genauso wie ein Auto nicht ohne Treibstoff fährt, kann ein Mensch auf Dauer nicht funktionieren, wenn sein Liebestank leer ist. Gemeinsam mit dem Kinderpsychiater Ross Campbell hat Chapman dieses Prinzip auf den Umgang mit Kindern angewendet und verdeutlicht, wie sehr Kinder von der Liebe ihrer Eltern abhängig sind. Für Kinder ist es von existenzieller Bedeutung, dass ihr Liebestank von den Eltern gefüllt wird. Nur auf dieser Grundlage können sie ein gesundes Selbstwertgefühl entwickeln und die Gewissheit in sich spüren, dass sie angenommen und geliebt sind.[25]

Doch was genau bedeutet das, dass Eltern den Liebestank ihres Kindes füllen sollen? Heutzutage lieben doch eigentlich alle Eltern ihr Kind. Zudem sind Eltern, wie bereits erwähnt, in der Regel viel warmherziger als noch in der Generation vorher. Autoritäre Strukturen gibt es in immer weniger Familien, und Eltern wollen alles dafür tun, dass es ihrem Kind gut geht und dass es glücklich ist. Wo ist denn dann das Problem?

»Viele Eltern lieben ihre Kinder, aber sie respektieren nicht ihre Bedürfnisse.«[26] Mit diesen Worten hat Dirk Lüling, Mitbegründer der Familienorganisation TEAM.F in einem seiner Vorträge auf den Punkt gebracht, warum die kindliche Seele nicht das bekommt, was sie braucht: Die Bedürfnisse des Kindes werden nicht gesehen. Und das kann sowohl kleine Kinder betreffen als auch Teenager und junge Erwachsene, die schon das Elternhaus verlassen haben.

Was für eine Tragik steckt in diesem Satz. Die Liebe ist da, aber weil die Bedürfnisse eines Kindes nicht richtig wahrgenommen und angemessen befriedigt werden, gibt es ein Problem. Die Liebe kommt einfach nicht an. Wer sein Kind wirklich liebt, kommt also nicht umhin, sich die Frage zu stellen, welche Bedürfnisse das eigene Kind hat. Was braucht das Kind, damit es sich geliebt fühlen und sich zu einer beziehungsfähigen Persönlichkeit entfalten kann?

Bindung – ein Schatz fürs Leben

Kommt ein Baby auf die Welt, ist es absolut abhängig von der Fürsorge eines Menschen, der sich um das Kind kümmert und mit allem versorgt, was es zum Leben braucht: Nahrung, Wärme, Schlaf und Sauerstoff sind die elementarsten Bausteine. Und nur wenn es einen Menschen gibt, der die Befriedigung dieser physiologischen Grundbedürfnisse sicherstellt, kann es überleben. Sonst würde es schlichtweg sterben. Aber neben dieser rein körperlichen Versorgung braucht es genauso emotionale Zuwendung und Wärme, damit eine gesunde Entwicklung stattfinden kann. Jedes Kind trägt von Anfang an das tiefe Bedürfnis nach Bindung, Schutz und Nähe in sich.

Dieses Grundbedürfnis nach Bindung wird seit den 1950er-Jahren erforscht und ist seitdem aus der Pädagogik und Psychologie nicht mehr wegzudenken. Pionier der Bindungsforschung war der britische Kinderarzt John Bowlby, der als einer der ersten Wissenschaftler beobachtete, dass Kinder vom ersten Lebenstag an darum bemüht sind, sich an eine Person zu binden. In seiner Arbeit mit Kindern, die von ihren Eltern getrennt waren, kam er zu einer völlig neuen Erkenntnis: Kinder leiden unter der Trennung von ihren Bezugspersonen. Bowlby erkannte, dass jedes Kind ein Grundbedürfnis nach Bindung mit ins Leben bringt und dass frühe, warmherzige Beziehungen zu zentralen Bezugspersonen die Grundlage für eine gelingende Entwicklung eines Menschen sind. Diese neuen Gedanken hatten langfristig Auswirkungen auf die damals übliche Erziehungspraxis, die bis dahin eher von Distanz geprägt war und Kinder durch Abhärten auf das Leben vorbereiten wollte.[27]

Da ein Baby seine Bedürfnisse nicht selbst regulieren kann und auf Hilfe angewiesen ist, bringt es von Anfang an zum Ausdruck, dass es nach Nähe sucht und in Kontakt mit Menschen gehen möchte. Es weint, dreht den Kopf zur Seite oder strampelt mit den Beinen, wenn es sich unwohl fühlt. Oder aber es sucht den Blickkontakt, wenn es Aufmerksamkeit braucht, und lächelt, wenn es angesprochen wird.

In den meisten Fällen ist die Mutter der Mensch, der zu Beginn die stärkste Bindung zum Kind aufbaut. Sie ist diejenige, die schon in der Schwangerschaft in einer engen Verbindung mit dem Säugling war und nach der Geburt die so körpernahe Versorgung am intensivsten übernimmt. Sie füttert ihr Baby, wenn es Hunger hat, trägt es bei sich und reagiert auf die Signale des Kindes. Wenn das

Baby kontinuierlich die Erfahrung macht, dass die Mutter zeitnah und einfühlsam auf die Bedürfnisäußerungen reagiert und sich ihm zuwendet, wird eine sichere Bindung zwischen Mama und Kind entstehen. Eine Mutter, die wirklich versteht, welches Bedürfnis hinter den Signalen des Kindes steckt, und angemessen darauf eingeht, sorgt für ein starkes emotionales Band. Genauso kann diese wichtige Rolle aber auch von einer anderen bedeutsamen Person übernommen werden, zum Beispiel dem Vater, der Oma oder einer Pflegemutter. Entscheidend ist, dass diese Person feinfühlig und verlässlich auf das Kind reagiert und die emotionalen Bedürfnisse erfüllt.

Darüber hinaus brauchen Kinder neben ihrer primären Bezugsperson zusätzliche Menschen in ihrem Umfeld, zu denen sie eine sichere Bindung aufbauen können. Auch wenn diese verschiedenen Bindungsbeziehungen, die sich im ersten Lebensjahr entwickeln, von einer unterschiedlich starken Intensivität gekennzeichnet sind, sind alle für das Kind bedeutsam. Je stärker das soziale Netz ist, das ein Kind umgibt, desto besser und stabiler wird ein Kind getragen.[28]

»Bindung ist nach John Bowlby, dem Begründer der Bindungstheorie, ein unsichtbares emotionales Band, das zwei Menschen über Raum und Zeit spezifisch miteinander verbindet.«[29] Bindung kann man sich also wie ein Band vorstellen, das von sehr starken Gefühlen geprägt ist. Und dieses Band ist so stark, dass es auch dann seine Wirkung behält, wenn diese zwei Menschen voneinander getrennt sind und sich nicht sehen können.

Obwohl die ersten ein bis zwei Jahre die wichtigsten Jahre in der Bindungsentwicklung sind, sind die Jahre danach nicht zu unterschätzen. Während der ganzen Kindheit und auch in der Teenagerzeit tragen feinfühlige Reaktionen der Eltern dazu bei, dass die Eltern-Kind-Beziehung gefestigt wird und damit auch die innere

Stabilität des Kindes wachsen kann. Hierbei sollten Eltern aber unbedingt berücksichtigen, dass sich ihre Reaktionen an das Alter der Kinder anpassen. Während es bei Babys in den ersten Monaten noch wichtig ist, sofort auf eine Bedürfnisäußerung zu reagieren, kann ein älteres Kind auch schon einen kleinen Moment warten, bis es gefüttert oder mit ihm gespielt wird. Feinfühligkeit basiert also nicht auf einem statischen Reaktionsmuster, das Kindern lebenslang alle Hürden aus dem Weg räumt, sondern hat die individuellen Bedürfnisse und Fähigkeiten des Kindes im Blick und entwickelt sich mit dem Alter der Kinder weiter.

Diese Anpassung kann man gut am Beispiel des sprachlichen Austausches deutlich machen. Eltern reden zu Beginn mit ihrem Baby einfach nur, um in Beziehung zu sein. Ganz automatisch verfallen sie in die sogenannte Ammensprache. Eltern machen die Laute ihres Kindes nach, worauf das Baby wiederum mit einem Laut reagiert. Auf diese Weise entsteht ein emotionaler Dialog, der Zuwendung und Aufmerksamkeit transportiert, ohne dass kognitive Inhalte eine Rolle spielen. Genauso sind normale Sätze und Worte von Anfang an für den Bindungsaufbau bedeutsam, auch wenn das Baby den Inhalt der Worte noch gar nicht verstehen kann. Doch so spürt ein Baby, dass es gesehen und mit seinen Äußerungen wahrgenommen wird. Werden Kinder älter, wird die Kommunikation vielschichtiger. Eltern beantworten Fragen, erklären die Welt und geben den Dingen durch ihre Worte eine Bedeutung. Sie hören den Gedanken und Ideen ihrer Kinder zu und trösten und ermutigen sie mit liebevollen Worten, wenn sie Probleme haben. Je älter die Kinder werden, desto tiefer und komplexer werden die Gespräche. Gerade Jugendliche brauchen Eltern, mit denen sie diskutieren und verhandeln können. Feinfühligkeit bedeutet dann: »Ich bin gesprächsbereit und interessiere mich für deine Meinung. Du kannst mit jedem Thema zu mir kommen.« Die Art der der Kommunikation muss sich also an das Alter und die Bedürfnisse der Kinder anpassen. Während kleine Kinder viel Ansprache und Austausch benötigen, brauchen Teenager in der Regel vermehrt Rückzug und häufig nur punktuelle Gespräche. Aber in jeder Lebensphase ist die Verlässlichkeit und Präsenz der Eltern in der kindlichen Entwicklung von Bedeutung.

Ob ein Kind sicher gebunden ist, zeigt sich daran, dass es nicht gleichgültig reagiert, wenn es von seiner Bindungsperson getrennt wird. Bei Babys und Kleinkindern ist Weinen oder Protest eine gesunde und angemessen Reaktion auf Trennung, weil etwas nicht stimmt. Bei vielen Kindern macht sich das in der sogenannten Fremdelphase bemerkbar, die etwa mit acht, neun Monaten beginnt und in der sich die Kleinen nur von Mama oder Papa trösten lassen wollen. Andere Personen werden hingegen schlecht akzeptiert. Diese Reaktion ist ein Ausdruck davon, dass ein Baby nun zwischen bekannten und unbekannten Personen deutlich unterscheiden kann. Kommt es nach der Trennung zu einem Wiedersehen mit Mama oder Papa, wird ein sicher gebundenes Kind sofort mit seiner Bindungsperson in Kontakt gehen und sich in deren Anwesenheit schnell wieder beruhigen können. Das gilt auch für die weiteren Lebensphasen: die erste Übernachtung bei Oma und Opa, der Einstieg in den Kindergarten, die erste Klassenfahrt. All das sind kleine Abschiede und Herausforderungen, für die das Kind Unterstützung braucht und in denen das unsichtbare Band der Bindung auf die Probe gestellt und trainiert wird. Sind Mama und Papa (oder auch andere Bindungspersonen) nach solchen Momenten der Trennung die erste Anlaufstelle, bei der ein Kind wieder andocken möchte, ist das ein Zeichen für eine sichere Bindung.

Ein sicher gebundener Mensch spürt in sich die Gewissheit, dass er in dieser Welt willkommen ist und dass er ein Zuhause hat, wo er geschützt und angenommen ist. Er weiß: »Ich bin gewollt und okay.« Denn diese Sicherheit trägt einen Menschen durchs ganze Leben. Sie ist die Voraussetzung dafür, dass er stabile Beziehungen aufbauen und gestalten kann, also selbst bindungsfähig wird. Eine sichere Bindung ist ein Schatz fürs Leben, weil sie hilft, das Leben mit all seinen Herausforderungen und Krisen meistern zu können. Nach vielen Jahren der Forschungsarbeit brachte Bowlby es so auf den Punkt:

> Emotionale Bindungen an andere Menschen sind der Angelpunkt, um den sich das Leben eines Menschen dreht, nicht nur in der Säuglingszeit oder im Kindergartenalter, sondern auch in der Schulzeit und Jugend sowie im Erwachsenenleben bis ins hohe Alter. Aus diesen emotionalen Bindungen schöpft ein Mensch Kraft und Lebenszufriedenheit, und er kann hieraus auch wieder anderen Menschen Kraft und Lebensfreude schenken. Dies sind Themen, in denen sich die Erkenntnisse der modernen Wissenschaft und traditioneller Weisheit treffen und übereinstimmen […].[30]

Autonomie – der Weg in die Eigenständigkeit

Ist diese Bindungssicherheit gegeben, ist ein Kind auch in der Lage, einem weiteren wichtigen Bedürfnis Raum zu geben: der Erkundung und Entdeckung der Welt. Kinder sind neugierige kleine Wesen und wollen ihre Umgebung erforschen und im wahrsten Sinne des Wortes be-greifen. Diese Erforschung ist aber nur möglich, wenn sich schon ein kleines Kind ein wenig von seiner Bindungsperson wegbewegen kann und den nötigen Freiraum erhält, um sich die Welt zu erschließen. Es geht also um Autonomie und

Freiheit. Bleibt ein Kind immer auf Mamas oder Papas Schoß sitzen und verharrt es in dieser engen Nähe, kann kaum Entwicklung stattfinden. Dann wird es nicht anfangen zu krabbeln, nicht die Blumenerde untersuchen und nicht seinen Platz in der Welt finden. Deswegen ist das Bedürfnis nach Autonomie ebenso wie das Bindungsbedürfnis von Anfang an bedeutsam.

Damit dieses Autonomiebedürfnis von Kindern gesund gelebt werden kann, brauchen sie aber unbedingt den sicheren Hafen der Bindung, damit sie in ihrer Entdeckung der Welt die Sicherheit haben, jederzeit zu diesem sicheren Hafen – zu Mama und Papa – zurückkehren zu können. Ohne diese Sicherheit können sich Kinder nicht auf ganzheitliche Art und Weise die Welt erschließen. Sowohl das Bedürfnis nach Nähe als auch das Bedürfnis nach Entdeckung muss befriedigt werden. Allerdings funktioniert das nicht gleichzeitig, sondern vielmehr in einem ständigen Wechsel. Wird ein Baby also ein wenig mobiler, wird es sich von Mama wegbewegen, weil es in seiner Umgebung so viel zu entdecken gibt. Es krabbelt weg, untersucht alles, was es im Raum findet. Zwischendurch geht der Blick kurz zu Mama, ob alles okay ist. Ist der Blick wohlwollend, krabbelt es weiter, zieht sich an der Couch hoch und steht nun ganz allein an der Couch. Das Kind strahlt, stolz blitzen die Augen, weil es diese Herausforderung gemeistert hat. Der Blick geht zu Mama, die sich mit ihm über diesen Erfolg freut. Doch auf einmal ist diese neue Position an der Couch gar nicht mehr so schön. Die Beine werden wackelig und die Frage ist: »Wie komme ich hier wieder weg?« In einem solchen Moment wird das Bindungsverhalten eines Kindes aktiviert. Das Kind schaut sich hilfesuchend um, das Gesicht verzieht sich und es fängt an zu weinen: »Ich brauche Hilfe.« Nimmt die Mama dieses Signal wahr, wird sie sich ihrem Kind unterstützend und ermutigend zuwenden und ihm helfen, sich wieder hinzusetzen. Was für eine wertvolle und gute Erfahrung macht das Kind in diesem Moment: »Ich erforsche die Welt, komme an eine Grenze oder in eine Situation, die mich stresst. Aber dann ist jemand da, der mir hilft.«

Dieses Hin und Her zwischen Lösen und Nähe erleben Kinder jeden Tag unzählige Male. Überwiegt in diesem Zusammenhang die Erfahrung, dass Unterstützung da ist, wenn eine Hürde kommt, kann eine gesunde Entwicklung stattfinden. Kinder, die immer wieder erleben, dass es diesen sicheren Hafen gibt, bei dem sie willkommen sind – selbst wenn es Misserfolge gab –, sind auch in der Lage, sich voller Zuversicht und Urvertrauen dem Leben zuzuwenden.

Balance zwischen Bindung und Autonomie

Kinder brauchen also sowohl die wertschätzende Annahme als auch die altersangemessene Freiheit, um sich von den Eltern lösen zu können. Dabei kann auf der einen Seite eine zu enge Bindung und zu wenig Freiraum für Kinder in ihrer Entwicklung hinderlich sein. Auf der anderen Seite benötigen sie aber auch klare und gute Grenzen, die ihnen Orientierung geben. Es geht also immer um eine ausgewogene Balance zwischen Bindung und Autonomie, die ein ganz wichtiger Aspekt in der Erziehung von Kindern ist.

Liebe mit ausreichend Freiraum

Diese Balance zwischen Bindung und Autonomie ist allerdings nicht statisch, sondern entwickelt sich entsprechend des Alters des Kindes weiter und sollte immer angepasst werden.

Ein neugeborenes Baby genießt es, wenn es viel körperliche Nähe erfährt, indem es getragen, gestreichelt und im Arm gehalten wird. Einem Krabbelkind wird diese Form der Nähe irgendwann zu eng. Es will runter vom Arm, sich hin und wieder wegbewegen und dann wieder bei Mama auftanken, indem gekuschelt wird. Ein Kindergartenkind braucht dann noch ein Stück mehr Freiheit, indem es die Zeiten ganz ohne Mama und Papa verbringt und mit seinen Freunden spielt. Für viele Kinder stellt der Kindergartenstart zuerst noch eine große Herausforderung dar, weil der Abschiedsschmerz groß ist. Aber mit einer gut begleiteten Eingewöhnungszeit, in der die Abwesenheit der Eltern Schritt für Schritt ausgeweitet und neue Bindungen aufgebaut werden können, kann sich ein Kind dieser Herausforderung stellen. Damit das Bindungsband trainiert und nicht überfordert wird, ist hierbei unbedingt ein feinfühliges Verhalten von Eltern und Erzieherinnen und Erziehern erforderlich. Unter diesen günstigen Umständen kann sich das Kind in der Regel gut die neue Kindergartenwelt erschließen. Anschließend ist die Freude groß, wenn Abholzeit ist und man in Papas oder Mamas Arme laufen kann. Und so wird der Abstand im Laufe der Jahre immer größer. Dieses Prinzip – der Wechsel zwischen Nähe und Distanz – bleibt in der ganzen Kindheit und auch im Jugendalter bestehen. Es verschieben sich nur die Schwerpunkte. Je älter die Kinder werden, desto weiter entfernen sie sich von den Eltern – bis hin zu einem Auslandsjahr nach der Schule. Aber das Bedürfnis, in Notsituationen einen sicheren Hafen erreichen zu können, bleibt selbst bei erwachsenen Kindern.

Für die Beziehung zwischen Eltern und Kind heißt das, dass sich Eltern mit ihrem Kind mitbewegen müssen: Stand zu Beginn des Lebens das Wurzeln und Haltgeben noch im Vordergrund, wird im Laufe der Kindheit die Eigenständigkeit des Kindes immer bedeutsamer – mit dem Ziel, das größer werdende Kind Stück für Stück in die Freiheit zu entlassen. Und zu dieser Eigenständigkeit gehört auch, dass das Kind altersangemessen seine eigenen Erfahrungen machen muss. Das gilt auch, wenn dabei mal etwas schiefgeht. Denn nur so kann ein Kind daraus lernen.

Allerdings gibt es in den letzten Jahren vermehrt Eltern, die jede Anstrengung von ihrem Kind fernhalten wollen und deswegen jeden Weg ebnen. Sie möchten ihre Liebe besonders stark zum Ausdruck bringen, indem der Kinderseele bloß keine belastende Erfahrung zugemutet wird und ihrem Kind jeder Wunsch von den Augen abgelesen wird. Wird das Pausenbrot zu Hause liegen gelassen, springen Mama oder Papa sofort ins Auto und liefern die Verpflegung nach, damit das Kind nicht verhungert. Bei einer Fünf in Mathe rufen die Eltern umgehend in der Schule an und bitten um ein Gespräch, weil die Matheaufgaben unfair gewesen sein müssen. Und manche Eltern stehen ängstlich vor der Rutsche und heben ihr Kind lieber hoch, damit es beim Klettern nicht fällt. Diese sogenannten Helikoptereltern kreisen um ihren »kleinen Schatz« und seine Interessen und räumen dabei jede Hürde aus dem Weg. Immer mehr Kinder werden heutzutage in den Mittelpunkt gestellt, idealisiert und zum Lebensinhalt von Müttern und Vätern gemacht.

Keine Frage, diese Eltern lieben ihr Kind und wollen es schützen. Und bis zu einem gewissen Grad ist es auch gut und notwendig, dass Kinder vor leidvollen Erfahrungen geschützt werden. Allerdings führt ein überbehütender Erziehungsstil, in dem ein Kind ausschließlich in Watte gepackt wird, dazu, dass seine gesunde Entwicklung gehemmt wird. Die wichtige Erfahrung, mit Herausforderungen umgehen zu können und diese zu meistern, wird diesem Kind dadurch verwehrt. Ein Kind, das nicht erlebt, dass sich Anstrengung lohnt und es aus Fehlern lernen kann, hat es viel schwerer, zu einem lebenstüchtigen, reifen Erwachsenen zu werden, und bleibt ein Kind, um das sich alles dreht. Es kann also auch ein Zuviel des vermeintlich Guten geben: zu viel Nähe, die nicht erlaubt, dass sich ein Kind lösen und wichtige Entwicklungsschritte machen kann. Im schlimmsten Fall bleibt die Persönlichkeit des Kindes außen vor und es bekommt nicht den Raum, seinen eigenen Lebensstil leben zu dürfen. Das trägt nicht zu einem guten Selbstwertgefühl bei, sondern bewirkt das genaue Gegenteil.

Schaut man sich diese Eltern-Kind-Beziehungen näher an, wird man feststellen, dass es nur vordergründig um das Kind geht. Eigentlich geht es um Ängste, aber auch versteckte Interessen der Eltern: »Wenn es meinem Kind gut geht, wenn es meinen Vorstellungen entspricht, wenn es den Weg geht, den ich mir vorstelle, dann geht es auch mir gut.« Unbewusst erhält das Kind die Aufgabe, das Wohlbefinden der Eltern zu stärken. Weil die Autonomie des Kindes dabei aber nicht ausreichend berücksichtigt wird, wird das den Bedürfnissen des Kindes nicht gerecht. Stattdessen wird es übermäßig an die Eltern gebunden, sei es, weil diese zum Beispiel ein schlechtes Gewissen beruhigen wollen oder ihre eigenen Wünsche auf das Kind übertragen. Wenn dann ein Kind aus dem Rahmen fällt und anders ist, als sich die Eltern das erhofft haben, ist die Enttäuschung groß: »Ich tu doch alles für mein Kind. Womit habe ich es verdient, dass sich mein Kind jetzt so verhält?«

Aber nur durch Loslassen und eine gesunde Abgrenzung können wir zu unserem Kind eine Beziehung gestalten, die in der Familienzeit von Achtung und Respekt geprägt ist. So kann es dann auch gelingen, dass das Miteinander im Erwachsenenalter von Freundschaft und Begegnung auf Augenhöhe gekennzeichnet ist.

Liebe mit angemessenen Grenzen

Echte Liebe zu unserem Kind ist also dadurch gekennzeichnet, dass wir seine wirklichen Bedürfnisse wahrnehmen und befriedigen.

Das heißt: Ich werde dem Grundbedürfnis meiner Tochter oder meines Sohnes nach Nähe und Distanz gleichsam gerecht – von der Geburt an bis zu dem Tag, an dem sie oder er das Haus verlässt.

Zum einen steht die Zusage: »Ich bin für dich da. Ich stehe zu dir und unterstütze dich. Du kannst dir sicher sein, dass ich dein Hafen bin. Egal, was passiert, wir sind aneinandergebunden. Ich liebe dich so, wie du bist.«

Gleichzeitig gilt: »Du bist eine einzigartige Persönlichkeit, die ich achte und respektiere, auch wenn sie nicht meinen Erwartungen entspricht. Du brauchst Raum, um dich entwickeln und entfalten zu können. Dazu gehören auch Fehler, aus denen du lernen wirst. Ich werde dich Schritt für Schritt dabei begleiten.«

Ähnlich wird diese Ausgewogenheit zwischen Schutz und Freiheit im Alten Testament beschrieben, in dem Gottes Handeln mit dem Verhalten eines Adlers verglichen wird.

> Er ging mit ihnen um wie ein Adler, der seine Jungen fliegen lehrt: Der scheucht sie aus dem Nest, begleitet ihren Flug, und wenn sie fallen, ist er da, er breitet seine Schwingen unter ihnen aus und fängt sie auf.
> *5. Mose 32,11; Hfa*

Der Adler baut seinen Jungen zunächst ein sicheres Nest, in dem sie geschützt sind und versorgt werden. Aber in diesem Nest werden die kleinen Adler nicht bleiben. Ein Adlerjunges, das im Nest bleiben und es niemals verlassen würde, könnte in der Zukunft nicht überleben. Wenn es an der Zeit ist, scheucht der Adler deswegen seine Jungen aus dem Nest, damit sie fliegen lernen. Während der Flugversuche der Jungen ist er immer in der Nähe. Er fliegt unter seinen Kindern her, um sie im Notfall auffangen zu können. Kleine Adler brauchen diesen Wurf aus dem Nest und gleichzeitig die Sicherheit der Eltern, falls sie fallen. Sonst würden sie niemals fliegen lernen. Ähnlich handelt Gott, indem er sich als unser Fundament anbietet und gleichzeitig Freiheit gibt, das Leben zu gestalten – ein geniales Vorbild für uns Eltern im Umgang mit unserem Kind. Liebevolle Zuwendung darf nie an Bedingungen geknüpft sein. Auch das kennzeichnet den Umgang Gottes mit uns Menschen: Er liebt uns um unserer selbst willen.

Allerdings ist unsere Elternliebe nicht so perfekt wie Gottes Liebe. Wir kommen einfach an Grenzen, weil wir Menschen sind. Aus eigener Erfahrung weiß ich, dass es für enttäuschte Eltern häufig schwer ist, das eigene Kind so ganzheitlich zu lieben, wie man das eigentlich möchte. Gerade dann, wenn ein Kind so »anders«, so »unmöglich«, so »auffällig«, so »nervig« und so »anstrengend« ist, gelingt es deutlich schwerer, eine angemessene Balance zwischen Autonomie und Bindung zu leben. Wir sehen die Fehlentwicklungen unseres Kindes und schreiten verständlicherweise ein, weil wir uns sorgen und unserem Kind helfen wollen, sich richtig zu verhalten. Wir setzen Grenzen, um das Kind in die richtige Bahn zu lenken. Das ist einerseits richtig und notwendig, weil unser Kind unsere Leitung und Unterstützung braucht – gerade dann, wenn es noch jünger ist. Andererseits besteht auch die Gefahr, dass wir zu stark eingreifen und damit nicht die Autonomie unseres Kindes achten. Wenn wir permanent Grenzen setzen, strafen oder gar Liebesentzug einsetzen und sich unser Kind ständig gezwungen fühlt, das zu tun, was wir einfordern, hat das keine guten Auswirkungen. Dann ist der notwendige Zweiklang von Bindung und Autonomie gestört. Anfangs führt das vielleicht sogar zu kleinen Erfolgen und gewünschten Ergebnisse, weil unser Kind das macht, was wir uns wünschen. Dann ist zwar die einzelne Schlacht gewonnen, aber es besteht die Gefahr, dass es sich abgelehnt fühlt. Langfristig wird unser Kind unsere bedingungslose Elternliebe infrage stellen. Auch wenn wir es eigentlich nicht wollen, machen wir mit unserem Verhalten unsere Liebe so doch vom Verhalten unseres Kindes abhängig.

Heißt das, dass wir gar keine Grenzen mehr setzen und unser Kind in die völlige Autonomie entlassen sollten? Das wäre ein falscher Umkehrschluss. Das Erleben von Grenzen und von Konsequenzen ist eine wichtige Erfahrung in der Entwicklung eines Kindes. Grenzen geben Sicherheit und Orientierung und nur wenn es lernt, welche Folgen sein eigenes Handeln hat, kann es sich zu einer reifen und sozialen Persönlichkeit entwickeln. Es ist also absolut angemessen, wenn Eltern bei Fehlverhalten eingreifen und mit Konsequenzen reagieren. Solch ein Erziehungsverhalten ist ein Ausdruck von Liebe, da Kinder Anleitung und Begleitung brauchen.

Entscheidend ist dabei aber die innere Haltung der Eltern. Wollen sie ihrem Kind jetzt mal zeigen, wo es langgeht und wer am längeren Hebel sitzt, wenn etwas schiefgelaufen ist? Setzen sie Konsequenzen immer voller Ärger ein, damit jetzt endlich Ruhe ist? Oder haben sie vielleicht auch Angst, was andere sagen könnten, wenn das Kind sich so verhält? Unter diesen Vorzeichen bewirken Konsequenzen oft kein langfristiges Lernen und belasten Eltern und Kind. Bringen Eltern dagegen eine gelassene Haltung und innere Sicherheit mit, mit der sie Konsequenzen klar und bestimmt einsetzen, ohne sich auf emotionale Machtkämpfe einzulassen, lernt das Kind, wie das Leben funktioniert, und kann sich zu einer charakterstarken Persönlichkeit entwickeln. Außerdem spielt es eine Rolle, wie sehr der Alltag generell von Regeln und Konsequenzen geprägt ist. Geht der Tag schon mit Gemeckere los, weil sich ein Kind nicht anzieht, sich nicht die Zähne putzt und die Geschwister ärgert, ist das kein guter Start. Mittags geht der Ärger vielleicht weiter, weil die Hausaufgaben nicht gemacht werden und die Medienzeit überzogen wird. Abends endet der Tag mit großem Geschrei, weil die Schultasche nicht gepackt und das Kinderzimmer nicht aufgeräumt wurde. Wenn Eltern auf all das den ganzen Tag mit Konsequenzen reagieren müssen und von einer Baustelle zur nächsten rennen, vergiftet das die Atmosphäre.

An dieser Stelle möchte ich dich einladen, einmal innezuhalten und zu überlegen, was die herausragenden Kennzeichen deines Familienlebens sind. Wie ausgewogen ist bei dir zu Hause die Balance zwischen Bindung und Autonomie, zwischen Freiraum und angemessenen Grenzen?

Hierbei kann das TEAM.-Familienhaus von Eberhard Mühlan ein hilfreiches Bild sein.[31] Mit diesem Bild wird ein ganzheitliches Erziehungskonzept verdeutlicht, das aus drei Elementen besteht und die Bedürfnisse von Kindern berücksichtigt.

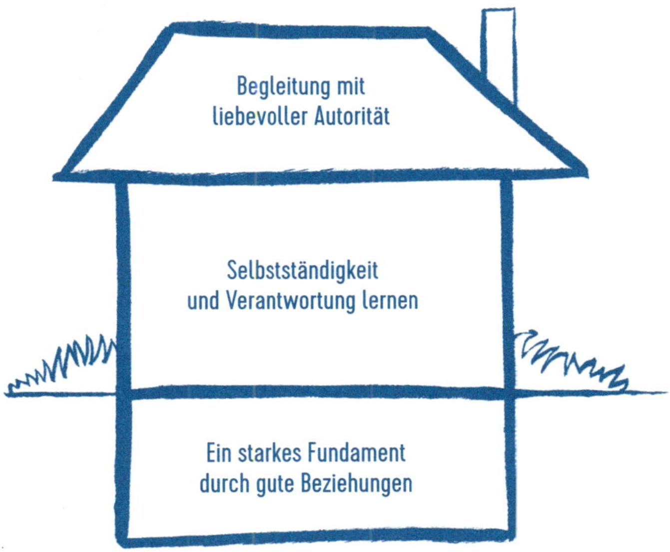

- Das Fundament der Liebe sind die guten Beziehungen, die dem Kind Sicherheit und Geborgenheit geben.
- In der Wohnetage lernen Kinder selbstständig ihr Leben zu gestalten und altersangemessen Verantwortung zu übernehmen – hier erleben Kinder ausreichend Autonomie, um sich entwickeln zu können.
- Und im Dach begleiten Eltern ihre Kinder mit einer liebevollen Autorität, indem sie angemessene Grenzen setzen, damit Kinder geschützt durchs Leben gehen können und Orientierung bekommen.

Bei diesem Bild des Familienhauses ist die Reihenfolge ganz entscheidend. So wie bei einem Hausbau immer mit dem Fundament begonnen wird und gewährleistet sein sollte, dass dieses stabil ist, sollte das Fundament der bedingungslosen Liebe immer an erster Stelle stehen. Nur auf einem stabilen Fundament kann das Familienleben beginnen. Und dann bedarf es Raum zum Lernen und ein Dach, das vor Gefahren schützt. All das braucht in einer Familie seinen Platz und sollte in einer guten Ausgewogenheit vorkommen. Ist das Dach zu schwer und das Fundament zu brüchig, dann stimmt die Statik nicht und das Familienhaus wird zusammenbrechen.

ZUM NACHDENKEN

- Ist dein Zuhause überwiegend von dem Fundament der Liebe, Annahme und Geborgenheit geprägt? Ist das Fundament so stark, dass man die weiteren Etagen gut darauf aufbauen kann? Oder dominieren in deinem Familienalltag Grenzen und Konsequenzen? Woran könnte das liegen?

- Erfährt dein Kind in der Hauptsache Konsequenzen, die es nachzuvollziehen kann? Zu welchen Themen bräuchtet ihr klarere Absprachen? Welche Familienregeln gibt es in deiner Familie?

- Welche Grenze ist wirklich angemessen und notwendig?

- Welche Grenze engt dagegen die Autonomie deines Kindes zu stark ein?

Besonders brisant wird die Thematik der bedingungslosen Liebe bei Kindern, die anders sind als der normale Durchschnitt – Kinder mit einem starken und impulsiven Temperament oder einer Besonderheit, sei es AD(H)S, Autismus oder einer Entwicklungsverzögerung, um nur ein paar Beispiele zu nennen. Viele dieser Kinder machen im Laufe ihrer Kindheit immer wieder ablehnende Erfahrungen. Ständig spiegelt ihnen ihr Umfeld, dass sie so nicht in Ordnung sind, dass sie auffällig sind und sich verändern sollen. Im Kindergarten, in der Schule, in der Verwandtschaft, unter Gleichaltrigen – irgendwo ecken diese Kinder auf ihre Art und Weise immer wieder an. Der Psychologe und Therapeut Joachim Kristahn schreibt in seinem Buch über AD(H)S-Kinder, wie eine Betroffene ihre Kindheit erlebt hat:

> Mit AD(H)S zu leben, bedeutet traumatisierende Erlebnisse von Kindesbeinen an, und sei es nur die konstante Kritik des Umfeldes oder das stete Versagen auf vielen Gebieten. Der größte Leidensdruck entsteht, wie ich es immer wieder gehört

und auch selbst erlebt habe, durch das Unverständnis des Umfeldes und auch das eigene Unverständnis, denn man weiß nicht, warum man »anders« ist.[32]

Diese Beschreibung trifft sicherlich nicht nur auf AD(H)S-Kinder zu, sondern auf alle Kinder, die nicht der Norm entsprechen. Und wenn ich auf den vorherigen Seiten bereits erwähnt habe, wie wichtig es für ein Kind ist, bedingungslos geliebt zu werden, dann gilt das für diese Kinder nicht weniger. Ganz im Gegenteil: Sie brauchen in ihrem Zuhause ein Vielfaches an Liebe und Annahme, damit sie für alle weiteren alltäglichen Begegnungen gut gewappnet sind – eine Aufgabe, denen Eltern manchmal einfach nicht mehr gewachsen sind, weil sie in dem oben beschriebenen Teufelskreis stecken. Wenn das zu einem Dauerzustand wird, läuft der Liebestank eines Kindes leer und das Selbstwertgefühl leidet. Das hat Folgen, in der Regel für die ganze Familie. Auf ganz unterschiedliche Art und Weise zeigt ein Kind dann, dass etwas nicht stimmt. Während die einen rebellieren, ziehen sich die anderen immer mehr zurück.

Diese Signale der Kinder, die im nächsten Kapitel genauer beschrieben werden, sind zunächst nicht angenehm, aber sie sind eine große Chance zur Veränderung. Wenn Eltern wahrnehmen, warum ihr Kind so reagiert, haben sie die Möglichkeit, aus ihren gewohnten Reaktionsmustern auszusteigen und neue heilsame Wege zu gehen.

DIE BOTSCHAFTEN UNSERER KINDER

Bisher habe ich den Teufelskreis der belasteten Beziehung, wie er auf Seite 27 dargestellt ist, vorrangig aus der Sicht der Eltern beschrieben. Weil Eltern mit dem Verhalten, den Entscheidungen oder dem Wesen ihres Kindes nicht zurechtkommen, weil die Kinder anders sind als gedacht, reagieren sie mit Gefühlen der Überforderung und des Ärgers. Sie leiden unter der belasteten Familienatmosphäre und wünschen es sich ganz anders.

Nun möchte ich ganz bewusst die Perspektive des Kindes einnehmen. Denn eine Veränderung dieser Situation ist nur möglich, wenn wir uns als Eltern in seine Gefühls- und Gedankenwelt hineinversetzen. Wir brauchen dringend einen Wechsel der Blickrichtung und die Bereitschaft, in die Schuhe unseres Kindes zu schlüpfen.

Denn auch unser Kind leidet unter dem angespannten Familienklima, unter diesem Teufelskreislauf, und macht mit seinen indirekten Reaktionen und Verhaltensmustern deutlich, dass etwas nicht stimmt. Es ist entmutigt, leidet unter einem geringen Selbstwertgefühl und sendet auf ganz unterschiedliche Art und Weise die Botschaft: »Ich fühle mich nicht gesehen. Ich fühle mich nicht angenommen. Mein Liebestank ist leer. Ich brauche Aufmerksamkeit und Wertschätzung.«

Kindliche Reaktionsmuster mit dem Wunsch nach Liebe

Der Individualpsychologe Rudolf Dreikurs hat in seinem Erziehungsratgeber »Kinder fordern uns heraus« schon in den 1960er-

Jahren treffend beschrieben, dass das »falsche Verhalten« von Kindern zu einem großen Teil der fehlenden Ermutigung zugeschrieben werden muss.

> Ermutigung ist das wichtigste Element in der Erziehung von Kindern. Sie ist so wichtig, dass ihr Fehlen als der hauptsächliche Grund für ein falsches Verhalten betrachtet werden kann. Ein unartiges Kind ist immer ein entmutigtes Kind. Jedes Kind braucht fortgesetzt Ermutigung, genau wie eine Pflanze Wasser braucht. Ohne Ermutigung kann es nicht wachsen, sich nicht entwickeln und kein Zusammengehörigkeitsgefühl erlangen.[33]

Kinder, die permanent hören, dass sie so, wie sie sind und handeln, nicht richtig sind und dass sie sich verändern müssen, sind zutiefst entmutigt und in ihrem Selbstwertgefühl erschüttert. Kinder sind einfach noch nicht in der Lage, ihr emotionales Defizit mit Worten zum Ausdruck zu bringen und zu erklären, was sie brauchen. Deswegen nutzen sie andere Wege, um zu signalisieren, dass ihr Bedürfnis nach Annahme und Wertschätzung nicht ausreichend befriedigt wird. Manche ecken an, rebellieren, übertreten Grenzen, stellen infrage, meckern herum oder werden sogar aggressiv. Andere verweigern und entziehen sich, gehen auf Abstand, ziehen sich in ihr Schneckenhaus zurück oder reagieren mit einem Leistungsabfall in der Schule. Manche Kinder sind auch überdurchschnittlich anfällig für Krankheiten oder zeigen psychosomatische Symptome wie Bauch- oder Kopfschmerzen, die deutlich machen, dass sie eine Belastung in sich tragen.

Unbewusst verfolgen Kinder mit diesen Verhaltensweisen und Reaktionen das Ziel, gesehen zu werden und Zughörigkeit zu erlangen. Die wenigsten davon sind bewusste Entscheidungen, sondern vielmehr eine automatische Reaktion auf das, was im Innersten des jeweiligen Kindes geschieht. Je jünger ein Kind ist, desto mehr ist das der Fall. Tragischerweise ist die Mehrzahl dieser Wege nicht sehr konstruktiv und führt selten sofort dazu, dass das Kind nun das bekommt, was es wirklich braucht. Ganz im Gegenteil: Das »unangemessene« Verhalten des Kindes heizt den belasteten Umgang noch mehr an und so bleibt der Teufelskreis in Gang. Letztlich werden so aus entmutigten Kindern »unartige« Kinder. Kinder zeigen mit ihrem Verhalten also an, dass irgendetwas nicht stimmt. Rudolf Dreikurs hat vier klassische Verhaltensweisen[34] von Kindern beschrieben, deren Liebestank nicht ausreichend gefüllt ist. Diese wollen wir uns nun genauer anschauen.

Unangemessene Aufmerksamkeit

Kinder wollen Aufmerksamkeit und gesehen werden. Das ist zunächst ein ganz natürliches Bedürfnis, das ganz positiv zu bewerten ist und das Eltern selbstverständlich auch angemessen befriedigen sollten. Allerdings gibt es auch Situationen, in denen ein ausgewogenes Verhältnis von Bedürfnisäußerung und -befriedigung kippt, und zwar dann, wenn ein Kind vermehrt in unpassenden Situationen Aufmerksamkeit einfordert. Viele Eltern kennen Szenen wie diese:

- Mama wartet auf ein wichtiges Telefonat. Deswegen hat sie ihren Kindern gesagt, dass sie gleich etwas Ruhe braucht. Genau in dem Moment, in dem das Telefon klingelt, bricht der sechsjährige Leon einen Streit mit seiner kleinen Schwester vom Zaun und nimmt ihr die Malstifte weg.
- Die Familie sitzt gemeinsam beim Abendessen und die fünfjährige Laura will von ihrem Kindergartenausflug erzählen.

Die achtjährige Emma merkt genau in diesem Moment, dass ihr Lieblingskäse nicht auf dem Tisch steht. Sie will jetzt unbedingt, dass Laura kurz zur Seite rückt, um sie durchzulassen, damit sie den Käse aus dem Kühlschrank holen kann.

- Mama und Papa haben sich mit Freunden verabredet und bringen den dreijährigen Ben frühzeitig ins Bett, damit sie in Ruhe den Abend unter Erwachsenen genießen können. Normalerweise schläft Ben gut ein, aber an diesem Abend läuft es chaotisch. Immer wieder kommt er ins Wohnzimmer, weil er noch Hilfe braucht – beim Pipimachen, Bettdeckegeraderücken und Kuscheltiersuchen.

Momente dieser Art kommen in jeder Familie vor und sind in einem gewissen Rahmen auch völlig normal. Können Eltern ruhig und bestimmt auf diese Verhaltensweisen reagieren und auf eine gute Art und Weise Grenzen setzen, fühlt sich das Kind grundlegend geliebt, gesehen und angenommen. Es lernt dann in der Regel gut, was angemessen ist und was nicht. Nicht alles lernt ein Kind von heute auf morgen, aber wenn Schritt für Schritt eine Veränderung zu sehen ist, sind solche Verhaltensweisen ein Ausdruck der kindlichen Entwicklung.

»Ungebührlich«, wie Dreikurs es formuliert, wird es dann, wenn der Schrei nach Aufmerksamkeit den Alltag dominiert und es zu täglichen Auseinandersetzungen kommt.[35]

Versucht Ben ständig die Aufmerksamkeit auf sich zu ziehen, wenn sich seine Eltern nicht mit ihm beschäftigen oder sich anderen Dingen zuwenden, wird es anstrengend. Stört Emma permanent, wenn es gerade um ihre Schwester geht, ist der Wettbewerb um Aufmerksamkeit in vollem Gange. Irgendwann sind alle nur noch genervt. Und wenn Mama überhaupt nicht mehr in Ruhe telefonieren kann, wird sie irgendwann ärgerlich und wütend. All diese Kinder haben ihr Ziel erreicht: Sie bekommen ihre Aufmerksamkeit, aber leider nicht in positiver Form, sondern negativ. Es wird geschimpft, gestritten und zurechtgewiesen.

Kinder können je nach Persönlichkeit ganz unterschiedliche Wege gehen, um sich ihre Aufmerksamkeit zu holen. Ein angepasstes oder ruhiges Kind fordert die Aufmerksamkeit weniger offensiv ein, sondern eher subtil. Wenn das Telefon klingelt, meckert es nicht groß herum, sondern krabbelt vielleicht auf Mamas Schoß und spielt mit ihren Haaren, während sie eigentlich konzentriert telefonieren will. Ein aktives und dominantes Kind zieht dagegen die Aufmerksamkeit auf negative Weise auf sich, indem es zum Beispiel laute Musik anmacht. Das heißt aber nicht, dass seine Beweggründe im Vergleich zum angepassten und ruhigen Kind negativ wären. Beide haben das Bedürfnis nach Annahme und wählen lediglich verschiedene Formen, diese zu bekommen.

Natürlich können es die Reaktionen der Eltern oder die vielleicht herausfordernden Lebensumstände sein, die die primäre Ursache für das auffällige Verhalten des Kindes sind – aber eben nicht nur. Sicherlich: Lebensumstände wie die Pflege eines Angehörigen können zum Beispiel dazu führen, dass ein Kind weniger Aufmerksamkeit erhält. Oder ein Kind entwickelt sich anders als gedacht oder trifft Entscheidungen, die die Eltern nicht mittragen können, und die Eltern lassen dies das Kind spüren. All das kann Auswirkungen auf die Eltern-Kind-Beziehung und das Verhalten des Kindes haben. Eltern tragen also durchaus die Verantwortung für den vollen Liebestank ihres Kindes. Ich möchte hier aber betonen, dass es auch andere Gründe geben kann, warum ein Kind einen emotionalen Mangel empfindet. Ein Kind mit einer herausfordernden Persönlichkeit erlebt vielleicht immer wieder Ausgrenzung in der Schule, einem ADHS-Kind wird in seinem Umfeld ständig gespiegelt, dass es sich anders benehmen soll und ein anderes Kind leidet vielleicht an einer Verlusterfahrung. Eltern dieser Kinder erleben nicht selten, dass sie sich in ihr Kind investieren und doch das Gefühl bleibt, dass es einfach nicht reicht – so als ob der emotionale Tank ein Loch hat. Obwohl sie doch schon so viel gegeben haben, fordert das Kind weiter Aufmerksamkeit ein. Es ist nie genug. An diesem Punkt ist dann die Gefahr sehr groß, dass es Eltern zunehmend schwerfällt ihrem »anstrengenden Kind« mit Liebe und Wertschätzung zu begegnen. Damit sind wir wieder bei dem oben beschriebenen Teufelskreis. Je mehr und je öfter ein Kind gemaßregelt und zurechtgewiesen wird, desto mehr nimmt das Selbstbild des Kindes Schaden und desto größer wird der Hunger nach Aufmerksamkeit und Anerkennung. Kinder wollen gesehen werden. Und deswegen ist für das Kind negative Aufmerksamkeit auf jeden Fall besser als gar keine.

Kampf um Überlegenheit

Eine andere Variante, mit der Kinder unbewusst versuchen, ihr Ziel zu erreichen, ist der Kampf um Überlegenheit. Hier geht es um die Frage, wer die größere Macht hat. Gerade Kinder, die willensstark sind und oft erleben, dass ihnen Regeln und Erwartungen mit elterlicher Macht auferlegt werden, reagieren mit Gegenwehr. Sie gehen in den Machtkampf, weil sie sich nicht der stärkeren Macht der Eltern beugen möchten und sehr um ihre Autonomie bedacht sind.

Das Kennzeichen des Machtkampfes ist, dass es nicht darum geht, ein bestimmtes Ziel auf der Sachebene zu erreichen. Vielmehr haben beide Parteien das Ziel, ihren Willen durchzuboxen und als Sieger aus dem Kampf herauszugehen, ganz egal, um welche Inhalte es eigentlich geht. Das geschieht in der Regel auf einer sehr emotionalen Ebene. Folgendes Beispiel kann dies verdeutlichen:

Der zehnjährige Nils hat zum Geburtstag ein neues Computerspiel bekommen, das er nun ausprobieren möchte. Als Nils nicht, wie vereinbart, den Computer nach einer Stunde ausmacht, kommt Papa in sein Arbeitszimmer, in dem der Computer steht: »Nils, machst du jetzt bitte aus?« »Ja, ja, gleich. Nur noch dieses Level.« »Wie lange dauert das denn noch?« »Nur fünf Minuten.« Nach zehn Minuten kommt Papa wieder und wird lauter: »Du spielst ja immer noch. Das darf ja wohl nicht wahr sein! Mach sofort aus!« Als Nils nur vor sich hin meckert, zieht Papa wütend den Stecker. Nils lässt das nicht auf sich sitzen und wischt aufgebracht einige Unterlagen von Papas Schreibtisch.: »Du bist so blöd! Ich war gerade noch mitten im Spiel.« Papa ist nun endgültig auf hundertachtzig: »Das machst du nicht noch mal, und so sprichst du nicht mit mir. Jetzt darfst du das Spiel erst in einer Woche wieder spielen.« Wütend stampft Nils auf den Boden, er ist den Tränen nahe und verschwindet in sein Zimmer. »Papa versteht mich einfach nicht.«

Vordergründig hat Papa sein Ziel erreicht. Der Computer ist aus und Nils hat erfahren, was passiert, wenn er sich nicht an die Absprache hält. Aber damit hat er den Machtkampf nicht gewonnen – ganz im Gegenteil: Er ist ein Verlierer, weil die Beziehung Schaden genommen hat und das eigentliche Problem nicht gelöst werden konnte. Sobald Eltern in Diskussionen und Machtkämpfen die sachliche Ebene verlassen, werden sie zu »moralischen Verlierern«, da ihre emotionalen Reaktionen meistens nicht die richtigen sind und das Kind verletzen. Dabei waren die Reaktionsmuster von Nils ebenso wenig konstruktiv. Da er in der Konfliktsituation aber eine so große Machtlosigkeit empfunden hat, war das Runterschmeißen der Unterlagen für ihn die einzige Möglichkeit, wieder Oberhand zu gewinnen und seine Souveränität zu erhalten. Allerdings zahlt er mit diesem unbewussten Weg einen hohen Preis.

Die Folgen sind: Wut, Schreien, der Verlust der Beherrschung auf beiden Seiten – alles Elemente, die mit einem Machtkampf einhergehen und nicht förderlich für die Beziehung sind.

Szenen dieser Art kommen in einem gewissen Maß sicherlich in vielen Familien mehr oder weniger intensiv vor. Die entscheidende Frage ist aber, ob sich dieses Machtgefälle und die emotionale Unterlegenheit wie ein roter Faden durch den Familienalltag zieht oder eine seltene Ausnahme ist, die anschließend auch wieder aufgearbeitet werden kann. Wenn Machtkämpfe im Alltag dominieren, Konflikte nicht gelöst werden und keine echte Versöhnung stattfinden kann, bleiben Eltern und Kinder in diesem ungesunden Machtverhältnis gefangen.

Damit es nicht zu solchen Niederlagen auf beiden Seiten kommt, ist es wichtig, dass Eltern sich in Konflikten nicht auf endlose Verhandlungen einlassen, einen kühlen Kopf bewahren und die Gegenwehr des Kindes nicht als persönlichen Angriff werten. Natürlich ist es für Nils doof, wenn er den Computer ausmachen muss, sodass seine Reaktion erst mal verständlich ist. Darauf kann Nils' Vater zunächst eingehen: »Ich verstehe, dass du dich ärgerst. Aber ich möchte, dass du das Spiel jetzt beendest.« Und dann kann er mit einer klaren Haltung trotz des Protestes seines Sohnes darauf bestehen, dass die besprochene Grenze respektiert wird. Reagiert Nils nicht, macht er bei Bedarf den Computer selbst aus, ohne dass er emotional werden muss. Mit Gelassenheit und Klarheit können sich Eltern eine Menge unnötiger Machtkämpfe sparen – eine Kunst, die erlernt werden kann.

Vergeltung und Rache

Empfinden Kinder diese Machtlosigkeit in sehr starker Form, entwickeln manche von ihnen Rachegefühle, die sie dann häufig auch in die Tat umsetzen. Hinter diesem Verhalten steckt der Glaube des Kindes, dass es mit positiven Verhaltensweisen sowieso keine Anerkennung mehr bekommen wird. Aus irgendwelchen Gründen ist das Kind immer wieder verletzt worden, sodass es seine Umgebung nur noch als feindlich wahrnehmen kann. Möglicherweise hat es eine Zeit lang versucht, sich gegen die Machtlosigkeit zu wehren, dann aber aufgegeben, sich gegen seine Eltern durchzusetzen oder von ihnen gesehen zu werden. Es glaubt, nur mit Rache in dieser feindlichen Welt bestehen zu können. Nur wenn es andere verletzt und provoziert oder anderen Schaden zufügt, wird sein eigener Wert wiederhergestellt. So wird zum Beispiel aus Rache die Kinderzimmerwand bemalt oder der Pulli zerschnitten. Diese Racheakte müssen sich gar nicht immer direkt gegen die Eltern richten, sondern äußern sich manchmal auch indirekt, indem sich ein Kind zum Beispiel an seinen kleinen Geschwistern auslässt. Dann wird die fertiggestellte Ritterburg kaputt gemacht, wenn keiner hinguckt, oder die Süßigkeiten-Ration des anderen schnell in den Mund gesteckt. Erst wenn es diese Genugtuung der Vergeltung erfährt, entsteht für eine kurze Zeit das Gefühl, dass die seelische Verletzung geheilt wird. Allerdings nur für kurze Zeit.

Das problematische an diesem Racheverhalten ist, dass es in der Regel wenig auf Verständnis durch sein Umfeld stößt, sondern eher Sanktionen nach sich zieht, da das zerstörerische Verhalten natürlich auch unterbunden werden muss. Wenn tatsächlich Schaden entstanden ist, kann das verständlicherweise nicht ohne Folgen bleiben. Dieses irrige Verhaltensziel bringt also eine besondere Herausforderung mit sich. Einerseits braucht ein derart entmutigtes Kind wieder ganz neu Zuwendung und Verständnis, um diese falschen Verhaltensmuster überwinden zu können. Gleichzeitig muss es aber auch lernen, Verantwortung für sein falsches Verhalten zu übernehmen und auf angemessene Weise wiedergutzumachen.

Völlige Unfähigkeit

Zum Schluss gibt es noch die Kinder, die mit Rückzug reagieren – Rückzug ist die destruktivste und gefährlichste Reaktion, weil die damit einhergehende Passivität und Hoffnungslosigkeit so schwer zu durchbrechen sind. Durch viele Misserfolge und Enttäuschungen sind solche Kinder zu der Überzeugung gekommen, dass es überhaupt keinen Sinn hat, für ihre Wünsche und Träume zu kämpfen. Immer wieder haben sie die Erfahrung gemacht, dass ihre Leistungen, Anstrengungen und Ideen nicht gut genug waren, sodass sie letztlich aufgeben. Diese Kinder ziehen sich zurück, sind resigniert und desinteressiert und machen gegenüber Eltern oder anderen Bezugspersonen ihre völlige Unfähigkeit deutlich. Statt sich den Herausforderungen zu stellen, finden sie Ausreden und Ausflüchte.

Sehr oft machen sich solche Verhaltensweisen an den Schulleistungen bemerkbar. Aufgrund einiger Niederlagen kommen diese Kinder zu dem Schluss, dass sie sowieso nichts können. Dann dominieren schnell Gedanken wie: »Das ist mir zu kompliziert. Das schaffe ich sowieso nicht.« Entmutigte Kinder verhalten sich zum Beispiel so, als wären sie dumm und hilflos, wenn sie sich einer Herausforderung stellen sollen. Hausaufgaben werden zu unüberwindbaren Hürden und Vergesslichkeit, Kopfschmerzen und Müdigkeit werden vorgeschoben, damit sie sich den mühsamen Schulaufgaben nicht stellen müssen. Aus Angst vor Versagen wird die Übernahme von Verantwortung, der Versuch einer Aufgabenlösung vermieden, um sich vor Scham und Peinlichkeiten zu schützen. Kinder, die diese Lebenslüge in sich tragen, kann man kaum noch von außen motivieren, sich dem Leben zu stellen, sodass in der Regel professionelle Hilfe erforderlich ist, um diese Reaktionsmuster zu durchbrechen.

Ohne Perspektivwechsel geht es nicht

Wenn ein Kind einen dieser Wege wählt, macht es das nicht extra, um seine Eltern zu ärgern, sondern weil das für seine kindliche Logik der einzige Weg ist, auf seine Bedürfnisse aufmerksam zu machen. Hinter dem unangepassten, nervigen, schwierigen Verhalten steckt ein Schrei nach Zuwendung und Anerkennung.

Doch viele Eltern können das nicht sehen. Für sie fühlt es sich so an, als ob das Kind sie bewusst ärgern und verletzen will. Eltern fühlen sich von ihrem eigenen Kind angegriffen. Und es liegt in der Natur, dass man einem Kind, das sich auffällig, ungezogen und respektlos verhält oder sich völlig zurückzieht, nicht so einfach seine Liebe zeigen kann. Schleichend und mit der Zeit können sich im Herzen der Eltern Gefühle der Ablehnung breitmachen, die einen immer größeren Keil zwischen sie und ihr Kind treiben.

Auch hier möchte ich betonen, dass bei allen vier Reaktionsmustern nicht immer allein die Eltern für die Entmutigung ihres Kindes verantwortlich sind. Eltern mögen einen maßgeblichen Anteil daran haben, dass ihre Kinder ein gutes Selbstwertgefühl entwickeln können, und doch haben sie nicht alles in der Hand. Diese Geschehen sind oftmals viel komplexer.

Neben einer guten Eltern-Kind-Bindung und einem ermutigenden Erziehungsstil spielen auch noch die genetischen und die außerfamiliären Faktoren eine Rolle. Jedes Kind ist eine einzigartige Persönlichkeit, die hochindividuell auf die Erfahrungen reagiert, sodass ein sensibel veranlagtes Kind möglicherweise ganz andere

Schlüsse zieht als ein Stehaufmännchen, das vieles leichter nehmen kann. Wie sehr ein Kind von den Reaktionsmustern in der Familie verletzt wird oder nicht, hängt also zu einem gewissen Teil von der Veranlagung ab.

Ebenso nehmen Freunde, Erzieher, Lehrer und andere Autoritätspersonen Einfluss auf die Entwicklung des Kindes. Erlebnisse in der Schule, in Kinderfreundschaften, im Verwandtenkreis können so prägend und entscheidend sein, dass sie das Selbstwertgefühl des Kindes ins Wanken bringen können. Auch dann, wenn Eltern angemessen auf die Bedürfnisse des Kindes eingegangen sind, gibt es nicht die Garantie, dass Kinder zu 100 Prozent über ein starkes Selbstwertgefühl verfügen. Auch Kinder, die sich zu Hause geliebt fühlen, können durch krasse Verletzungserlebnisse bei Freunden oder in der Schule so sehr aus dem Gleichgewicht geraten, dass sie Auffälligkeiten zeigen. Die Liste der möglichen Folgen ist lang: Lern- und Konzentrationsprobleme, Ängste, Aggressionen, Selbstverletzungen, Essstörungen, Süchte oder ungewollte Schwangerschaften sind nur ein kleiner Teil der Krisen, durch die Familien gehen müssen. Je älter die Kinder sind, desto größer ist meistens auch die Tragweite. Aus Schul- und Lernproblemen in der Kindheit können möglicherweise Schulabbrüche ohne Zukunftsperspektive werden, die man als Eltern nicht mehr so leicht auffangen kann.

Oftmals ist es für Eltern gar nicht so leicht, zu erkennen, ob sie selbst der Grund für das schlechte Selbstwertgefühl ihres Kindes sind oder andere Faktoren der Auslöser waren, weil sie mit dem Erziehungsgeschehen so verwoben sind. Deswegen ist es bei Kindern und Jugendlichen, die eine oder mehrere der oben aufgezeigten Auffälligkeiten zeigen, immer ratsam, sich Hilfe zu holen. Der Blick von außen kann helfen, sich selbst besser zu reflektieren und das Gesamtgeschehen zu erfassen.

Damit möchte ich Eltern auch ein Stück Last von ihren Schultern nehmen und vor unnötigen Schuldgefühlen bewahren. Eltern sind nicht zwingend für das schwache Selbstwertgefühl verantwortlich, und doch tragen sie eine Verantwortung für ihre eigenen Reaktionen. Denn die Reaktionen der Eltern können die Krise des Kindes verschärfen. Damit sind sie in der Gefahr, irgendwann in den Teufelskreis der Ablehnung zu rutschen, weil sich die Kinder nicht so entwickelt haben wie erwartet.

Wenn Eltern diesen Zusammenhang jedoch erkennen und verstehen können, warum und wozu sich ihr Kind so verhält, sind sie in der Lage, sich leichter auf ihr Kind einzulassen und Verständnis entgegenzubringen. Nur mit einem Perspektivwechsel wird es Eltern möglich sein, aus der verfahrenen Situation auszusteigen, den Teufelskreis zu durchbrechen und eine ganz bewusste Entscheidung für ihr Kind zu treffen. Liebe ist mehr als ein Gefühl, sie ist eine Entscheidung! Jedes Kind braucht die Liebe seiner Eltern – immer.

TEIL 2

Von Liebe und Heilung

DER WEG DER ANNAHME

So verfahren eine Situation auch sein mag: Es gibt einen Weg aus dem im ersten Teil des Buches beschriebenen Teufelskreis. Dieser Weg kann lang und steinig sein, aber es lohnt sich, ihn Schritt für Schritt zu gehen. Und am Anfang davon steht immer das Verstehen, dass es einen Zusammenhang zwischen unserer Haltung als Eltern und der Reaktion unseres Kindes gibt.

Mir persönlich wurde dieser Zusammenhang vor vielen Jahren auf dem schon erwähnten Teenagerseminar bewusst. Eine Mitarbeiterin beschrieb die Signale der Kinder und was es für ein Kind bedeutet, wenn es sich von seinen Eltern nicht vollkommen angenommen fühlt. Ich merkte, dass viele der Punkte, die dort erklärt wurden, auf mich zutrafen: Mein Sohn hatte mich oft genervt, in der Folge habe ich viel kritisiert und korrigiert. Wenn ich ihn mit seinen Brüdern verglich, schnitt er immer schlechter ab. Ich kannte Situationen, in denen ich mein Kind nicht entspannt in den Arm nehmen und von Herzen sagen konnte: »Ich hab dich lieb.« Ich war so oft wütend auf ihn.

Ich musste mir eingestehen, dass ich Jan nicht so angenommen hatte, wie er war, weil er aus dem Rahmen fiel. Und das Ausweglose daran war, dass ich meinem Sohn unbewusst die Verantwortung dafür zugeschoben hatte. Immer war da die latente Hoffnung: Wenn er endlich lernt, sich an Regeln und Absprachen zu halten, werden unser Umgang miteinander und der Alltag leichter. Allerdings befand ich mich mit dieser Hoffnung in einer Sackgasse, denn mein Sohn war völlig überfordert damit, die Situation zu verändern. Ich merkte, dass ich als Mutter die Verantwortung dafür trug, aus diesem schwierigen Beziehungsmuster auszusteigen. Ich musste zuallererst mein Kind annehmen, damit sich die Beziehung verändern konnte.

Mir wurde damals bewusst, dass mein Versuch, Jan durch Regeln und Konsequenzen gut anzuleiten, gescheitert war, weil das Fundament der Liebe und Annahme zu schwach war. Jan hatte aufgrund seiner Persönlichkeit mit einigen Herausforderungen zu kämpfen, worunter sein Selbstwertgefühl sehr gelitten hatte, und war sich meiner Liebe nicht mehr sicher. Und so habe ich mich auf diesem Seminar ganz bewusst für eine gute Beziehung zu meinem Sohn entschieden. Es war die Entscheidung, dass ich mein Kind lieben will – mit all seinen Besonderheiten und Charaktereigenschaften. Egal wie er sich benimmt, egal welche Absprachen er bricht und egal wie verletzend er sein kann, meine Liebe zu ihm soll niemals auf dem Spiel stehen. Und mit dieser Entscheidung begann ein wertvoller Prozess.

Das heißt nicht, dass ab diesem Zeitpunkt immer alles harmonisch und einfach war. Es gab immer wieder Situationen, in denen wir Spannungen und Auseinandersetzungen hatten und in denen es mir schwerfiel, angemessen darauf zu regieren. Nicht selten scheiterte ich in meinem Vorhaben, ihn als Person so stehen zu lassen und seine Art zu respektieren. Aber wir konnten unsere Diskrepanzen grundlegend aufarbeiten und bereinigen. Oft bin ich nach einem Konflikt auf ihn zugegangen und habe ihm versichert, dass ich ihn liebe, auch wenn ich seine Entscheidungen und sein Verhalten nicht immer gutheißen konnte. Diesen Schritt habe ich manchmal entgegengesetzt zu meinen Gefühlen machen müssen, aber mir war wichtig, dass meine Liebe nicht mehr infrage stehen durfte.

So war mit der Zeit auch wieder mehr Raum für gute und schöne Momente da, wo wir miteinander Spaß haben und lachen konnten und Herzensbegegnungen möglich waren. Als Jan etwas über zwölf Jahre alt war, fragte er mich abends im Bett: »Mama, liebst du mich bedingungslos?« Ich setzte mich zu ihm ans Bett und sagte aus tiefstem Herzen: »Jan, egal was zwischen uns beiden passiert, egal wie wir uns streiten, ich liebe dich, ganz ohne eine Bedingung.« Jan genoss diese Worte sichtlich und meinte grinsend: »Eine Bedingung gibt es: dass ich dein Sohn bin.« Wie treffend hatte er das mit seinen zwölf Jahren auf den Punkt gebracht.

Für mich selbst war diese Erkenntnis auf dem Seminar ein wichtiger erster Schritt hin zu einer heilsamen und wertschätzenden Beziehung zu meinem Sohn. Im Folgenden möchte ich darauf noch ein wenig ausführlicher eingehen und zudem einige weitere Schritte beschreiben, wie Eltern (wieder) den Weg zum Herzen ihres Kindes finden können.

Schritte hin zum Herzen des Kindes

Alles beginnt wie bei mir mit einer Entscheidung für das Kind, also einer Veränderung auf der Elternseite. Erst dann folgen viele kleine Schritte – hin zu einer neuen Eltern-Kind-Beziehung. Dieser Prozess ist eine dynamische Entwicklung und kein statisches Durchlaufen irgendwelcher Stufen. Vermutlich wird es Fortschritte und Erfolge geben, dann aber auch wieder Rückschläge und frustrierte Momente. Das ist normal und auch okay so, weil jede Beziehung individuell und von vielen unterschiedlichen Faktoren abhängig ist. Nur in wenigen Fällen laufen Veränderungen in der Beziehung linear und von heute auf morgen rund. Und so brauchen Eltern einen langen Atem und Geduld, wenn sie sich auf diesen Weg einlassen möchten.

Diese Bereitschaft, sich immer wieder in die Beziehung zum eigenen Kind zu investieren, wird Eltern einiges kosten. Aber sie ist es wert, weil das Kind existenziell von ihrer Liebe abhängig ist und weil Eltern es ihrem Kind schulden. Doch wie kann das ganz praktisch aussehen? Was können Eltern tun? Erinnern wir uns noch mal an den im ersten Teil des Buches dargestellten Teufelskreis. Denn genau aus diesem gilt es, auszubrechen. Dieser Ausstieg setzt immer an dem Punkt an, wo Eltern sich ihrer Empfindungen bewusst werden und dann nicht wie gewohnt darauf reagieren, sondern neue Wege einüben. Nur so durchbrechen sie den Teufelskreis und er verliert an Dynamik.

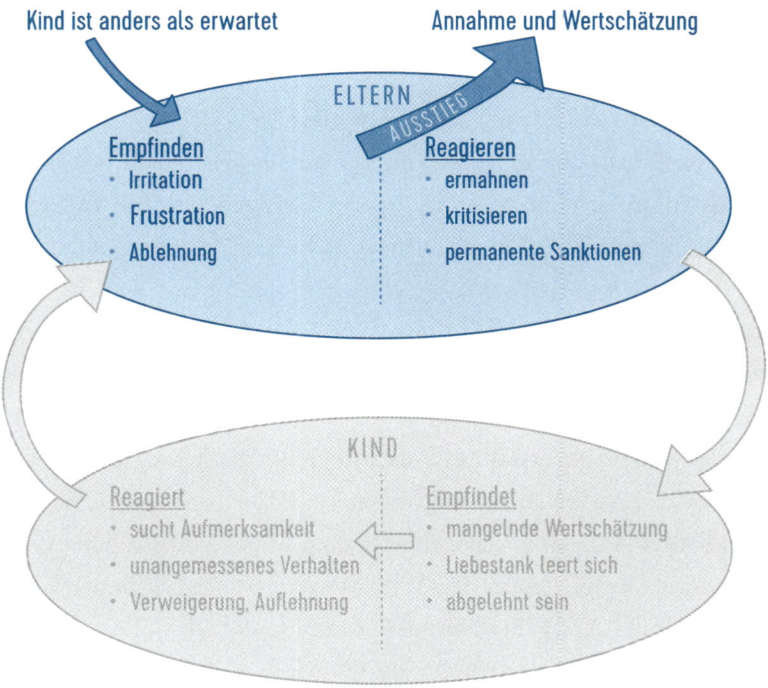

Entscheidend ist, dass es die Eltern sind, die den ersten Schritt gehen. Und dann folgt ein Schritt nach dem anderen.

Eine Entscheidung treffen

Liebe ist nicht nur ein Gefühl, sie ist in erster Linie eine Entscheidung, die Bestand hat und nicht abhängig ist von den Gegebenheiten. So wird das Wesen der Liebe auch von dem Propheten Jeremia im Alten Testament beschrieben.

> Von weit her ist der Herr seinem Volk erschienen; er sagt: »Ich habe nie aufgehört, dich zu lieben. Ich bin dir treu wie am ersten Tag […]!«
> *Jeremia 31,3-4; GNB*

Diese Worte richtete der Prophet Jeremia an das Volk Israel, das sich über die Jahrhunderte hinweg immer wieder gegen Gott und seine Maßstäbe aufgelehnt hatte und eigene Wege gehen wollte. In dieser spannungsgeladenen Situation, in der sich die Menschen Gott gegenüber keineswegs liebenswürdig verhalten, spricht Gott seinem Volk zu, dass seine Liebe nicht infrage steht. Obwohl sich die Menschen von Gott gelöst haben und sich andere Götter gesucht haben, hat Gott nicht aufgehört, sie zu lieben. Gott steht zu seiner Entscheidung, dass Israel sein auserwähltes Volk ist. Völlig unabhängig davon, was in der Geschichte alles schiefgelaufen ist und auch völlig unabhängig von Gottes Zorn über das Fehlverhalten seines Volkes, bleibt Gott bei seiner Zusage, dass er den Menschen treu ist und sie lieben wird.

In den TEAM.F-Erziehungsseminaren, die ich halte, ist diese Eigenschaft Gottes – seine bedingungslose Liebe uns Menschen gegenüber – die Basis für das Zusammenleben in der Familie und jedes pädagogische Handeln. Gott stellt sich in der Bibel als ein

Vater vor, der seine Kinder liebt – nicht, weil sie etwas Besonderes geleistet hätten, sondern einfach nur, weil sie seine Kinder sind. Gott hat sich dazu entschieden, seine Kinder zu lieben. Und diese Haltung Gottes dient Eltern als perfektes Vorbild dafür, wie sie als Väter und Mütter eine wertschätzende Elternschaft gestalten können. Genauso wie sich Gott dazu entschieden hat, immer an der Beziehung zu seinen Kindern festzuhalten, ist es unsere Aufgabe als Eltern, unsere Kinder zu lieben. Eine Aufgabe, die leichtfällt und Spaß macht, wenn die Gefühle mitspielen und sich die Beziehung harmonisch und entspannt anfühlt, aber auch dann noch Gültigkeit hat, wenn sich die Glücksmomente und das gute Miteinander aus dem Familienalltag verabschiedet haben.

Gerade dann, wenn Eltern erkennen, dass sie sich im Laufe der Jahre immer mehr in der Abwärtsspirale befinden und es kaum noch Herzensbegegnungen zwischen ihnen und ihrem Kind gibt, braucht es eine neue Haltung: »Egal, welche Herausforderungen es auch geben mag – eine gute Beziehung zu meinem Kind hat immer die höchste Priorität. Ich entscheide mich, mein Kind zu lieben.«

Natalie, die mit ihrem ADHS-Kind so sehr an ihre Grenzen stieß, traf genau diese Entscheidung mit weitreichenden Folgen:

In jener Zeit, als die Abende immer im Streit mit meinem Sohn endeten, erinnerte ich mich an einen Elternabendkurs, in dem es sehr viel um Beziehung ging. Mir wurde klar, dass es jetzt auch bei uns darum gehen musste, dass Anton unsere bedingungslose Liebe spürt. Denn die fühlte ich zu dieser Zeit ihm gegenüber nicht. Zu oft schon hatte Anton den familiären Rahmen gesprengt.

Ich erinnerte mich an die erste Liebe zu ihm als Baby. Was ist bloß passiert, dass es jetzt so weit kommen konnte?

Liebe ist eine Entscheidung. So oft hatte ich es gehört und es war nun an mir, dies in die Tat umzusetzen. Ich versuchte es also. Bis heute kann ich mich an den erstaunten Gesichtsausdruck erinnern, als ich Anton nach einem aufreibenden Tag ins Bett brachte und ihm dann zum Schluss sagte: »Anton, ich habe dich lieb.« Er hob den Kopf, schaute mich ungläubig an und entgegnete: »Das glaube ich nicht. Es war alles so blöd heute mit dir. Da kann man mich nicht lieb haben.« In diesem Augenblick sah ich ihn, den kleinen Kerl, der sich selbst so sehr im Weg stand und mein Herz ging wieder ein Stück auf für ihn. Ich antwortete: »Ja, ich verstehe das, Anton. Aber Eltern haben ihre Kinder lieb. Ganz egal, was passiert und was Kinder machen. Du kannst nichts dagegen tun.«

Dieser Schlüsselmoment war für mich ein Beginn, mich auf die Beziehung zu Anton zu konzentrieren. Es war nicht leicht, manche Tage waren so herausfordernd, dass ich oft nicht wusste, ob ich je Liebe zu ihm spüren würde. Aber allein die Entscheidung trug mich.

Und es sollte sich lohnen. Heute ist Anton 10 Jahre alt und zeigt immer noch teilweise herausforderndes Verhalten. Das wird mit seiner ADHS-Persönlichkeit wohl auch immer dazugehören. Aber meine Gefühle haben sich geändert. Ich freue mich, ihn zu sehen, begeistere mich für sein breit gefächertes Wissen und seine trockene Art, sich auszudrücken. Heute fühle ich Liebe zu ihm, wenn ich ihm sage, dass ich ihn lieb habe. Wenn ich ihm sage, dass ich an ihn glaube, ist es meine tiefste Überzeugung. Er spürt das und respektiert mich und meine Entscheidungen immer öfter auf eine gute Art und Weise. Authentizität ist ihm wichtig.

Manchmal ist es hilfreich, diese Entscheidung nicht nur für sich allein im Stillen zu treffen, sondern sie laut auszusprechen und mit Gott und anderen Menschen zu teilen. Wenn sich über Jahre eine angespannte, vielleicht sogar ablehnende Haltung einem Kind gegenüber entwickelt hat, ist es sehr wirksam, wenn man mit dieser Thematik nicht allein bleibt, sondern diese Entscheidung in einem Gebet formuliert und andere Menschen einbezieht. Optimal ist es, wenn Paare sich hierüber austauschen und gegenseitig unterstützen können. Für manche Menschen ist es auch eine Hilfe, diese Entscheidung schriftlich festzuhalten, damit sichtbar wird, was im Inneren passiert ist. Diese Entscheidung kann man sich dann auch später, wenn es erforderlich ist, immer wieder im wahrsten Sinne des Wortes vor Augen führen.

ZUM NACHDENKEN

- Kannst du ein Ja zu deinem Kind finden, so wie es ist? Falls dies für dich schwierig ist: Was könnte dir auf dem Weg zu einem neuen Ja helfen?
- Bist du bereit, auch dann deinem Kind Liebe zu zeigen, wenn es sich nicht liebenswürdig verhält? Wie könnte das ganz praktisch und konkret aussehen?
- Kannst du an dem Grundsatz festhalten, dass deine Liebe zu deinem Kind immer die oberste Priorität hat? Was könnte dir dabei helfen und wie könnte sich dieser Grundsatz in deinem Alltag zeigen?

Eigene Fehler und Missverständnisse eingestehen

Mehr oder weniger ungewollt haben Eltern ihren »schwierigen« Kindern Schmerz und Verletzungen zugefügt und ihnen nicht das gegeben, was sie so existenziell brauchen. Abwertende Äußerungen, zu hohe und falsche Anforderungen und permanente Machtkämpfe haben Spuren in der kindlichen Seele hinterlassen und je nach Situation zu tiefgreifenden Folgen geführt.

Ein Kind, das ständig kritisiert oder damit konfrontiert wird, dass es ein Problem ist, trägt viel Verletzung in sich. Es zieht möglicherweise den Schluss, dass es nicht genügt, dass es nicht wertvoll oder nicht willkommen ist. Es spürt, dass es das Problemkind der Familie ist, und merkt, dass es die Ursache für die schlechte Stimmung ist. Jedes Bemühen des Kindes, sich doch irgendwie anzupassen oder ein wenig an die Regeln zu halten, wird von den Eltern oft als nicht ausreichend empfunden. Selbst wenn es sich anstrengt und eine Sache mal gut läuft, wird doch schnell wieder die nächste Krise und die damit einhergehende Ermahnung kommen. Nicht selten löst das in dem Kind das Gefühl aus, dass es nicht dazugehört und doch nur ein Störenfried ist. Manches Kind kann das sogar formulieren: »Ihr wollt mich doch sowieso nicht haben.«

Doch die gute Nachricht ist, dass es nicht zu spät ist, das Zusammenleben zu verändern. Dazu braucht es einen Neuanfang, der damit beginnt, dass Eltern wahrnehmen, wie sich ihre Reaktionen auf die Gefühlswelt des Kindes ausgewirkt haben. Claudia Haarmann bringt es treffend auf den Punkt:

> Das ist der Neubeginn. Es gibt eine grundlegende Wahrheit: Wir machen als Menschen alle Fehler. Der schwerste Fehler jedoch ist, den Fehler nicht zu erkennen, den ich gemacht habe, denn damit verhindere ich Veränderung.[36]

Das heißt, Eltern kommen nicht daran vorbei, einzusehen, dass sie Fehler gemacht haben und ihren Kindern gegenüber schuldig geworden sind. Eltern müssen die Last ihrer Erziehungsfehler aber nicht mit sich herumschleppen, sondern können sie benennen und

Gott um Vergebung bitten. Gott steht da mit offenen Armen und möchte Vätern und Müttern eine ganz neue Freiheit schenken, die nicht von den Fehlern der Vergangenheit geprägt ist, sondern Raum für liebevolle Eltern-Kind-Beziehungen schenkt und so die Möglichkeit gibt, den Blick in die Zukunft zu richten.

Damaris, die von der schwierigen Beziehung zu ihrer vierten Tochter berichtet hat, weil sie eine falsche Position innehatte, kam an genau diesen Punkt. Sie merkte, was in der Vergangenheit falsch gelaufen war und warum sich ihre Tochter Rebekka in der Familie nicht zugehörig fühlen konnte. Damaris nahm Gottes Einladung an, das zu bereinigen, sodass der Weg zu einer neuen Beziehung möglich war.

Mein Mann sollte ein Wochenendseminar für Teenager und ihre Eltern mit leiten, zu dem wir als ganze Familie mitfuhren. Die Woche davor war extrem angespannt. Erst erbrach sich das eine Kind, dann das andere. Unser Pflegesohn verlor sein Portemonnaie mit allen Papieren des Ausländeramtes. Das kranke Kind wand sich vor Bauchschmerzen, aber morgens vor der Abfahrt zum Seminar wurde eine Blinddarmentzündung ausgeschlossen. Mittags ergab sich noch in einer der von mir betreuten Familien eine Krise, für die ich mitverantwortlich war. Im gefühlten Minuten-Takt hörte ich: »Mama? Mama! Mamaaaaa …« Die Migräne erfasste mich.

Zwischendurch kam mein Mann, den ich in Ruhe sein Seminar vorbereiten lassen wollte, zu mir und sagte: »Damaris, wir stehen voll in Anfechtung! Gott hat auf dem Seminar etwas vor. Lass dich nicht beirren!« Unter diesen Vorzeichen packten wir unser Auto und fuhren los.

So war ich sehr gespannt, was das Wochenende bringen würde, doch bis Samstagnachmittag geschah gar nichts. Ich ging im

Wald spazieren und fragte Gott, wofür sich diese Anfechtung lohnte. Für irgendwas musste diese anstrengende und auffällig kräftezehrende Woche doch gut gewesen sein.

Im nächsten Seminarblock berichtete die Leiterin dann von ihrer schwierigen Beziehung mit ihrer Tochter. Sie erzählte von ihrer inneren Ablehnung, von Buße und Neuannahme des Kindes und welch ein Segen genau dieses Kind ihr nun im Alter geworden sei. Während ich dies hörte, kullerten mir die Tränen über die Wangen. Ich konnte so mitfühlen. Ich verstand, dass ich mein Kind innerlich schon lange ablehnte. Ich war zutiefst erschrocken.

Das Angebot, am Abend gemeinsam in kleinen Gruppen für eigene Anliegen zu beten, nahm ich gerne an. Es war mir sehr peinlich vor anderen zu bekennen, dass ich mein Kind ablehnte. Wichtiger war es mir jedoch, dies vor meinem Gott zu bekennen und Buße zu tun. Bevor ich Rebekka neu annehmen konnte, sprach Gott in mein Herz. Er sagte: »Damaris, sie ist nicht dein drittes Kind! Sie ist dein VIERTES Kind!« Ich war kurz verdutzt. Doch bevor ich darüber nachdenken konnte, kamen ganz schnell Erinnerungen in mir hoch – an die Fehlgeburt und die unerwartete Schwangerschaft mit Rebekka. Plötzlich verstand ich, dass Rebekka eigentlich mein viertes Kind ist. Ich hatte sie jedoch seit sieben Jahren innerlich als mein »drittes falsches« Kind gesehen.

Nun sagte Gott mir, dass sie mein »viertes richtiges« Mädchen ist. Sie ist in Ordnung und nicht falsch. Dies traf mich sehr. Endlich kam Licht in mein Dunkel und damit auch Ruhe in mein Herz. Meine Einstellung zu diesem Kind veränderte sich von jetzt auf gleich schlagartig. Mir wurde bewusst, dass Rebekka vielleicht nicht so anstrengend gewesen wäre, wenn sie von Anfang an ihren richtigen Platz bekommen hätte. Aber von der Schwangerschaft an spürte sie meinen Widerwillen, den ich selbst gar nicht wahrgenommen hatte. Sie musste schon von klein auf »kämpfen« und ich habe meinen Teil zu unseren Machtkämpfen beigetragen.

In den ersten Tagen nach dieser Erfahrung sah ich vor meinem inneren Auge immer wieder eine glänzende Vier über Rebekkas Kopf, mit der mich Gott liebevoll an seine Offenbarung erinnerte.

Kurz danach bat ich Rebekka um Entschuldigung für all mein Schimpfen und Schreien. Alle meine Töchter wissen nun auch über das Geschwisterchen bei Gott Bescheid. Rebekkas und meine Beziehung hat sich sehr verändert. Sie ist sehr herzlich, aber immer noch von klarer Führung geprägt. Rebekka zeigt mir sehr stark ihre Liebe und ich liebe sie von ganzem Herzen, ohne innere Ablehnung. Ich bin froh, dass sie mein drittes lebendes Kind ist. Ich kann an ihr viele wundervolle Seiten entdecken, die bei ihren Schwestern nicht so ausgeprägt sind. Und wie gerne benenne ich ihr dies gegenüber und freue mich mit ihr!

Es ist durchaus sinnvoll, das Kind oder den Teenager um Verzeihung zu bitten und zum Ausdruck zu bringen, dass die Verletzungen der Vergangenheit nicht in Ordnung gewesen sind. So wie Damaris es auch mit ihrer Tochter gemacht hat. Je nach Alter des Kindes kann man auch gemeinsam besprechen, was im Miteinander alles schiefgelaufen ist. Hört ein Kind, dass sein Vater oder seine Mutter Fehler eingesteht, um Vergebung bittet und versichert, dass sich der Umgang verändern soll, ist das für das Kind eine Entlastung und eine riesige Chance, für einen ganz neuen Umgang miteinander.

ZUM NACHDENKEN

- **Nimm die Perspektive deines Kindes ein und versuche, dich in seine Welt hineinzuversetzen.**

- Was könnten deine Äußerungen und Reaktionen der Vergangenheit in der Seele deines Kindes ausgelöst haben?

- Zu welchen Schlüssen mag dein Kind gekommen sein?

- Was geht in deinem Kind vor, wenn ihm immer wieder gespiegelt wird, dass es sich besser oder anders verhalten soll?

Inneren Schmerz wahrnehmen

Aber nicht nur die Kinder haben Verletzungen erlebt und inneren Schmerz empfunden, sondern in der Regel auch die Eltern. Es tut weh, wenn das Kind sich nicht so entwickelt, wie man es sich erhofft und erträumt hat. Gefühle der Trauer, Enttäuschung und vielleicht auch Wut nagen im Inneren, weil einem das eigene Kind so fremd ist.

Sind Eltern und Kind einmal in dem Teufelskreis gefangen und grenzüberschreitende Verhaltensweisen an der Tagesordnung, ist das für die Eltern eine zermürbende Situation, die den Familienfrieden enorm herausfordert. Wenn ein Kind permanent die Aufmerksamkeit auf sich zieht, ständig Machtkämpfe produziert, mit unangemessenem Verhalten versucht, es seiner Umgebung heimzuzahlen, oder die Eltern gar nicht mehr an sich heranlässt, werden die alltäglichen Handlungen zu einer großen Belastung. Der Tag beginnt mit Streit unter den Geschwistern, Diskussionen beim Anziehen, Gemeckere beim Frühstück, geht über zur Verweigerung bei den Hausaufgaben oder kleinsten Aufgaben in der Familie und endet mit Schreierei, weil die notwendigen Konsequenzen der Eltern weitere Frustration und Verletzung hervorgerufen haben. Alle Bemühungen, irgendwie ein Stück Familienfrieden und ein gutes Zusammenleben wiederherzustellen, scheitern, sodass die Gefühle der Ohnmacht und nicht selten auch der Wut Oberhand gewinnen. Schnell schleichen sich da Gedanken ein wie: »Mein Kind ist einfach nur ätzend.« Manche Eltern sind erschrocken darüber, wie sich ihr Kind verhält, und haben große Sorge, wohin das alles noch führen wird. Kommt dann noch Scham über das eigene Kind hinzu, wird es noch mal prekärer, denn sich einzugestehen, dass man sich für sein eigenes Kind schämt, ist sehr schmerzlich.

Doch dieser innere Schmerz ist nicht nur dann da, wenn Familien in diesem Teufelskreis stecken. Es kann auch einfach nur der Umstand sein, dass das Kind irgendwie anders ist, anders als die Norm. Vielleicht haben Eltern durchaus schon gute Wege gefunden, ihr Kind so anzunehmen, wie es ist, haben Erwartungen abgelegt und können mit der Besonderheit ihres Kindes gut umgehen, aber ihre Umgebung vermittelt ihnen tagein tagaus etwas ganz anderes. Wenn Eltern im Kindergarten, in der Schule oder im Freundeskreis immer wieder gespiegelt wird, dass das eigene Kind so nicht okay ist, den Rahmen sprengt, komisch oder anstrengend ist, ist das eine enorme emotionale Belastung. Eltern fühlen sich dann innerlich zerrissen. Auf der einen Seite wissen sie, dass ihr Kind nicht der Norm entspricht und ringen darum, es so, wie es ist, anzunehmen. Auf der anderen Seite erleben sie aber auch Verhaltensweisen oder Charaktereigenschaften, die nicht unkommentiert stehen gelassen werden dürfen. Reagiert ein Kind zum Beispiel sehr impulsiv und kann es seine Gefühle nicht immer so kanalisieren, wie es notwendig wäre, braucht dieses Kind natürlich Grenzen. Oder benimmt sich ein Kind in der Öffentlichkeit auffälliger als andere, weil es immer dazwischenquatscht, laut oder auch körperlich unruhig ist, können solche Situationen für die Eltern einfach unangenehm oder vielleicht auch peinlich sein. Auch dann, wenn Eltern grundlegend hinter ihrem Kind stehen, kann diese gefühlte Zerrissenheit zwischen Annahme und Ablehnung bleiben.

Ich kann mich an so einige Elternsprechtage erinnern, an denen es sich immer wieder um die Schwächen meines Kindes drehte. Mir wurde erklärt, an welchen Stellen es in der Schule schlecht läuft und was sich alles ändern muss. Eine Lehrerin machte das auf eine sehr drastische Art und Weise deutlich: »Jan nervt. Er ist ein Problemkind.« Natürlich war mir als Mutter klar, dass mein Kind seine Besonderheiten hatte und dass der Umgang mit ihm ganz schön herausfordernd sein konnte. Davon war ja auch unser Alltag in der Familie geprägt. Aber wenn dann auch von außen noch mal ordentlich nachgelegt wird und mancher ausschließlich das Negative hervorhebt und gar keinen Blick für das Potenzial und den Wert des Kindes hat, tut das einfach weh. Nicht selten bin ich mit einem seltsamen Gefühl nach Hause gegangen – einer Mischung aus Wut, Traurigkeit und Entmutigung.

Einzelne solcher Erlebnisse sind so sicherlich noch kein Problem. Wenn sich Eltern aber immer wieder rechtfertigen müssen und sich von ihrer Umgebung nicht verstanden fühlen, kann das für sie sehr belastend werden. Gut gemeinte Ratschläge tun dann noch das ihrige dazu: »Dass sich ein Kind ordentlich benimmt, ist doch alles nur eine Frage der Erziehung. Das habe ich mit meiner Tochter auch geübt.« Mit solchen Statements wird dann nicht nur der sowieso schon bestehende Selbstzweifel verstärkt, sondern vielleicht sogar auch noch Scham ordentlich befeuert.

Über Jahre hinweg kann sich so in den Herzen der Eltern viel innerer Schmerz aufstauen, der nicht einfach übersehen werden darf, sondern sehr ernst genommen werden muss. Es ist wichtig, dass Eltern sich diesen Schmerz von der Seele reden und auch betrauern können, was nicht in Erfüllung gegangen ist. Sie brauchen einen Raum, in dem sie aussprechen dürfen, was sie empfinden und was ihr Herz bedrückt. Keine Mutter und kein Vater will derartige Gefühle gegenüber dem eigenen Kind haben. Im Gegenteil: Sie wollen lieben und sich über ihre Kinder freuen. Doch wenn der Alltag das kaum möglich macht, müssen die Gefühle einen Weg nach draußen finden, damit sie nicht die Beziehung zum Kind blockieren. Wenn Eltern hören, dass ihre Empfindungen okay und verständlich sind, kann diesen die Macht genommen und der Weg für eine veränderte und heilsame Beziehung zum Kind bereitet werden.

Und: Niemand muss diese Gefühle allein tragen, denn Jesus ist am Kreuz nicht nur für unsere Schuld gestorben, sondern ebenso für unseren Schmerz, unsere Verletzungen und unsere Scham, damit wir in einer heilen Beziehung zu unseren Kindern leben können. Und so dürfen wir mit all unseren Gefühlen zu ihm kommen und um Heilung und inneren Frieden bitten. Gott selbst spricht uns zu, dass er uns wie eine Mutter oder ein Vater Trost schenken möchte: »Ich will euch trösten wie eine Mutter ihr Kind« (Jesaja 66,13a; Hfa). »Er ist der barmherzige Vater, der Gott, von dem aller Trost kommt!« (2. Korinther 1,3b; Hfa). Trost ist eine Kraft, die das Innere zur Ruhe kommen lassen kann. Manchmal kann es ratsam sein, sich diesen Trost von anderen Menschen zusprechen zu lassen – durch Freunde oder durch eine seelsorgerliche Beratung. Aber dafür müssen wir uns unseren Schmerz auch ansehen.

ZUM NACHDENKEN

- Welchen Schmerz empfindest du, wenn du an dein Kind und deinen Traum von Familie denkst?
- Welche Situationen haben in dir Traurigkeit, Enttäuschung, Scham oder Wut ausgelöst?
- Kannst du diesen Schmerz bei Jesus ablegen? Was könnte dir dabei helfen?
- Brauchst du Hilfe von außen, damit du Trost und Heilung erfahren kannst? Wenn ja: Wo könntest du diese Hilfe finden?

Raus aus der Opferrolle

Es ist wichtig und heilsam, sich den eigenen Schmerz anzusehen. Aber es wäre fatal, im Schmerz zu verharren und in diesen Empfindungen gefangen zu bleiben. Alles hat seine Zeit: Mal braucht der Schmerz seinen Raum, und dann ist es auch wieder Zeit, aufzustehen und sich konstruktiv der Aufgabe Elternschaft zu stellen. Das fällt nicht allen leicht.

Manche Eltern, die seit Jahren an der angespannten Beziehung mit ihrem Kind leiden, sind in der Gefahr, eine Opferrolle einzunehmen. Immer häufiger tauchen dann Gedanken auf wie: »Ausgerechnet ich habe so ein herausforderndes Kind.« Oder: »Die anderen Familien um mich herum genießen ihr harmonisches Familienleben, ihr kleines Bullerbü. Deren Kinder gedeihen prächtig. Und bei mir? Streit und Wutanfälle …«

Wenn Eltern in der Opferrolle stecken, lässt der Blick zu den anderen Familien all das Gute, was in der eigenen Familie ist, regelrecht verschwinden. Bei den anderen sieht alles so perfekt und harmonisch aus: Vorzeigekinder mit Vorzeigeeltern in Vorzeigefamilien. Doch nicht nur der Blick in die Nachbarschaft kann dann solche Gefühle hervorrufen. Auch die heutigen Medien tragen ihr Übriges dazu bei. Denn die perfekten Heile-Welt-Bilder zum Beispiel auf Instagram® können dazu führen, dass sich Eltern immer mehr mit der Opferrolle identifizieren. Dort wird gebacken und gelacht, mit roten Gummistiefeln durch hohes Gras getobt, es werden bunte Wimpelgirlanden im aufgeräumten Kinderzimmer aufgehängt und Drachen in den blauen Himmel steigen gelassen. Der Blick in das eigene Zuhause ist dann oftmals mehr als nur ernüchternd. Und so haben Eltern mit Kindern, die anders sind als gedacht, immer vor Augen, was bei ihnen zu Hause alles nicht gut läuft.

Je nach Persönlichkeitstyp werden diese Eltern dann alles nur noch negativ bewerten und können nicht mehr das Gute in ihrer eigenen Familie sehen: dass ihr Kind zum Beispiel unglaublich kreativ oder humorvoll ist oder viele Dinge hinterfragt und nicht alles als gegeben hinnimmt. Stattdessen fühlen sie sich um ihr Glück betrogen, vom Schicksal gebeutelt und würden am liebsten die wenigen Brocken, die von ihrem Familienleben übrig sind, auch noch hinschmeißen. Allerdings hilft diese Opferrolle nicht weiter, sie verändert nichts und führt auch nicht zu einem erfüllten und sinnvollen Leben.

Der saloppe Rat »Mach dich mal gerade« bringt es schön auf den Punkt, um welche Haltung es geht: Die Elternaufgabe kann nicht mit hängenden Schultern und Selbstmitleid bewältigt werden, sondern nur in einer geraden und starken Haltung, damit Kinder ihre Eltern auch als die Basis erleben, die sie für ein gelingendes Leben brauchen.

Deswegen gilt es, aus dieser Rolle auszusteigen und Verantwortung zu übernehmen – für eine gute Familienatmosphäre und einen vollen Liebestank der Kinder. Wie oben schon beschrieben tragen in erster Linie die Eltern die Verantwortung dafür, die Bedürfnisse ihres Kindes zu erfüllen und die Entwicklung einer eigenen Persönlichkeit zu ermöglichen. Es geht nicht darum, dass ein Kind seine Eltern glücklich macht, sondern darum, dass die Eltern die Familienzeit aktiv so gestalten, dass das Kind gesehen wird und sich entwickeln kann. Kinder brauchen Begleitung, und Unterstützung, aber auch Freiraum, um ihren Platz in der Welt finden zu können.

ZUM NACHDENKEN

- Bist du bereit, Verantwortung für dein Kind und seine Bedürfnisse zu übernehmen? Wie könnte es konkret aussehen, diese Verantwortung zu übernehmen?

- Was kann dir helfen, aus der Opferrolle auszusteigen? Zum Beispiel: ein Dankbarkeitstagebuch führen, in dem du schöne Erlebnisse mit deinem Kind sammelst, einen Eltern-Kind-Tag planen, an dem ihr viel Spaß miteinander haben könnt, Kontakt zu Menschen pflegen, die dein Kind wirklich lieben und schätzen oder ein Fotobuch gestalten, in dem du kostbare Momente mit deinem Kind festhältst. Hier ist Platz für kreative Ideen:

- Gibt es vielleicht aber auch etwas, was dich hindert, eine gerade Haltung einzunehmen und aus der Opferrolle auszusteigen? Versuche zu benennen, was das sein könnte?

Vielleich ist die letzte Frage gar nicht so leicht zu beantworten. Manchen gelingt es durch einmalige Entscheidung, eine neue Haltung einzunehmen, aber manchmal ist das auch ein sehr schwerer Schritt, der einfach nicht gelingt. Dann liegen möglicherweise tiefergehende Ursachen zugrunde, die eine Veränderung verhindern. Auf die unterschiedlichen Hindernisse werde ich später noch intensiver im Kapitel »Innere Blockaden« eingehen.

Ideale loslassen

Wir alle werden in eine Welt hineingeboren, in der es bestimmte Ideale gibt – Vorstellungen darüber, wie das Leben aussehen sollte. Und so werden wir durch unsere Eltern, die Schule, die Medien, die Kirche oder Gemeinde und durch unsere Gesellschaft und Kultur ganz automatisch von Idealen geprägt, die mehr oder weniger bewusst Einfluss auf unsere Erziehung nehmen.

Bis zu einem gewissen Grad sind solche Ideale auch gut, weil sie für uns eine Richtschnur sein können. Bei näherer Betrachtung tragen Ideale allerdings auch eine Gefahr in sich, vor allem dann, wenn sie die Individualität eines Kindes außen vor lassen und einen überhöhten Stellenwert bekommen. Im Duden wird ein Ideal als Inbegriff der Vollkommenheit definiert.[37] Aber vollkommen kann ein Kind niemals sein.

Jedes Kind ist ein einzigartiges Wesen mit seinen ureigensten Eigenschaften, Stärken und Schwächen, und wir müssen uns bewusst machen, dass wir unsere Kinder nicht verbiegen dürfen und zu dem machen können, was wir gern hätten. Wir dürfen nicht erwarten, dass sie auf allen Ebenen unseren Idealen entsprechen, seien es die Schönheitsideale unserer Zeit, unsere Erfolgs- und Leistungsorientierung, der christliche Lebensstil oder unsere moralischen Vorstellungen.

> Eure Kinder sind nicht eure Kinder.
> Sie sind die Söhne und die Töchter der Sehnsucht
> des Lebens nach sich selber.
> Sie kommen durch euch, aber nicht von euch,
> Und obwohl sie mit euch sind, gehören sie euch doch nicht.
>
> Ihr dürft ihnen eure Liebe geben,
> aber nicht eure Gedanken,
> Denn sie haben ihre eigenen Gedanken. […]
>
> Ihr dürft euch bemühen, wie sie zu sein,
> aber versucht nicht, sie euch ähnlich zu machen. […][38]

So hat der libanesisch-amerikanische Philosoph und Dichter Khalil Gibran schon vor knapp hundert Jahren in einem Gedicht zum Ausdruck gebracht, dass wir unsere Kinder nicht besitzen und nicht zu dem formen dürfen, wie wir sie uns vorstellen. Auch wenn ich die Meinung, dass wir unseren Kindern unsere Gedanken nicht geben dürfen, so absolut nicht teilen kann, ist dieser Text bemerkenswert. Es geht um die Haltung unseren Kindern gegenüber, ihre Einzigartigkeit zu respektieren. Entscheidend im Umgang miteinander ist die Liebe und die Achtung. Obwohl ich trotzdem auch davon überzeugt bin, dass wir es unseren Kindern durchaus schulden, gute Gedanken mit ins Leben zu geben und sie zu prägen, gefällt mir die Kernaussage von Khalil Gibran. Denn spätestens, wenn unsere Kinder erwachsen sind, sind wir gut beraten, sie auch in ihren Gedanken so stehen zu lassen, wie sie sind.

Wenn Eltern nun diese grundlegende Haltung, dass ihnen ihr Kind nicht gehört, nicht haben, braucht es auch hier einen Neuanfang und die Entscheidung, sich von ihrem Traumkind zu verabschieden. Nur wenn sie ihr inneres Bild von ihrem Kind loslassen, können sie ihr echtes Kind wahrnehmen und respektieren, es wirklich so sehen, wie es ist.

Damit sind wir bei einem sehr wichtigen Punkt, der unser ganzes Leben durchzieht: Immer wieder sind wir herausgefordert, Dinge, Menschen, Träume, Themen loszulassen, die wir nicht festhalten können, weil sie sich uns entziehen oder auch belasten – ein Prozess, der in der Regel nicht ganz so leicht, sondern oft auch schmerzhaft ist, weil er mit einem Verlust verknüpft ist. Doch wenn wir uns dem nicht stellen, verhindern wir einen Neuanfang und geben dem keinen Raum, was unser Leben positiv verändern kann.

Erst wenn Eltern ihr Traumkind loslassen, können sie einen tiefen, inneren Frieden bekommen und sich auf ihr Kind wirklich einlassen. Mary Sheedy Kurcinka bringt es so auf den Punkt:

> Es ist in Ordnung, Tränen zu vergießen, die Fantasien zu beklagen, die nicht Wirklichkeit geworden sind, aber Ihr Kind braucht es, dass Sie vorwärts gehen und das Bild des Traumkindes loslassen, damit die Beziehung zu Ihrem temperamentvollen Kind nicht gestört wird. Es ist nun an der Zeit anzufangen, sich auf Ihr echtes Kind zu fokussieren und zu entdecken, wie Sie tagtäglich mit seiner besonderen Veranlagung zurechtkommen und die Schönheit im »Porträt« seines Temperamentes sehen können.[39]

Um das Traumkind loslassen zu können, kann es möglicherweise hilfreich sein, sich die eigenen Ideale genauer anzusehen und zu überlegen, welchen Ursprung sie haben. Denn wenn wir die Wurzeln kennen, können wir diese auch leichter entfernen und der Individualität unseres Kindes Raum geben.

ZUM NACHDENKEN

- Gibt es überzogene Idealvorstellungen, die du aus deiner eigenen Kindheit übernommen hast? Falls ja: Welche sind das?
- Möchtest du eigene unerfüllte Wünsche im Leben deines Kindes verwirklichen? Falls ja: Welche Wünsche sind das?
- Wie sehr beeinflusst dich das Leistungs- und Erfolgsdenken unserer Gesellschaft?
- Inwiefern haben die modernen Medien Einfluss auf dein Bild von deinem Kind? Führen sie dazu, dass du deine Familie ständig vergleichst und in die oben beschrieben Opferrolle fällst? (Siehe auch noch mal das Kapitel »Raus aus der Opferrolle«.)
- Was macht die ganz individuelle Persönlichkeit deines Kindes aus? Kannst du sie wahrnehmen und dein Kind mit dieser respektieren?
- Darf dein Kind so sein, wie es von seinem Grundcharakter her ist? Was macht es dir leicht und was macht es dir vielleicht auch schwer, dein Kind diesbezüglich so sein zu lassen, wie es ist?
- Hast du Frieden darüber, wenn sich dein Kind anders entwickelt, als du es dir erträumt hast? Welche Punkte würden dir hier schwerfallen und was kannst du heute vielleicht schon dafür tun, um Frieden zu bekommen – egal in welche Richtung es einmal geht.

Umstände annehmen

Genauso wie Eltern das Bild ihres Traumkindes loslassen müssen, gehört zu einer gelingenden Eltern-Kind-Beziehung, dass sie ein Ja zu den Lebensumständen finden, die sie nicht ändern können. Eltern können es nicht ändern, wenn ihr Kind nicht das erhoffte Mädchen ist, sondern ein Junge. Sie können es nicht ändern, wenn sie die Diagnose bekommen, dass ihr Kind eine Lernstörung hat. Sie können den Charakter ihres Kindes, der ihnen vielleicht so ganz fremd ist, nicht verändern. Sie können es nicht ändern, dass ihr Pflegekind aufgrund seiner Herkunftsgeschichte immer mit einem schwachen Selbstwertgefühl zu kämpfen hat. Sie können es nicht ändern, wenn sich der Sohn nicht wie ein typischer Junge verhält und außergewöhnliche Interessen hat. Wenn Eltern innerlich gegen diese Umstände rebellieren und sich ständig dagegen wehren, führt das zu Frustration und Unzufriedenheit, ohne dass dies irgendetwas verbessert. Der Weg aus dieser Falle gelingt nur in der Annahme der Umstände.

Dieser Gedanke wird sehr schön in einer kleinen Geschichte zum Ausdruck gebracht, die Emily Perl Kingsley aufgeschrieben hat. Dort erzählt sie, wie es sich für sie anfühlte, Mutter eines Jungen mit Downsyndrom zu werden:

> Oft werde ich gebeten, meine Erfahrungen zu beschreiben, wie es ist, ein behindertes Kind aufzuziehen. Damit Menschen, die nicht diese einzigartige Erfahrung gemacht haben, es verstehen und sich vorstellen können, wie sich das anfühlen würde. Das ist etwa so …
> Wenn Du ein Baby erwartest, dann ist das so ähnlich, als würdest du einen fabelhaften Urlaub planen – nach Italien. Du kaufst einen Haufen Reiseführer und machst wundervolle Pläne. Das Kolosseum. Der David von Michelangelo. Die

Gondeln in Venedig. Vielleicht lernst du ein paar nützliche Redewendungen auf Italienisch. Es ist alles sehr aufregend. Nach Monaten freudiger Vorbereitungen ist der Tag schließlich da. Du packst deine Koffer, und los geht's. Ein paar Stunden später landet das Flugzeug. Die Flugbegleiterin kommt herein und sagt: Willkommen in Holland.
Holland, sagst du. Was meinen Sie mit Holland?? Ich habe Italien gebucht. Ich sollte in Italien sein. Mein ganzes Leben lang habe ich davon geträumt, nach Italien zu reisen.
Aber es hat eine Änderung des Flugplans gegeben. Du bist in Holland gelandet, und dort musst du bleiben.
Das Entscheidende ist, dass man dich nicht an einen schrecklichen, widerwärtigen, ekligen Ort voller Hunger und Krankheit verfrachtet hat. Es ist einfach nur ein anderer Ort. Also musst du losziehen und neue Reiseführer kaufen. Und du musst eine völlig neue Sprache lernen. Und du wirst ganz andere Menschen treffen, denen du sonst nie begegnet wärst. Es ist nur ein anderer Ort. Hier geht alles langsamer als in Italien, weniger aufregend. Aber wenn du dort erst einmal eine Weile gewesen und zu Atem gekommen bist, siehst du dich um … und du stellst fest, dass es in Holland Windmühlen gibt … und in Holland gibt es Tulpen. In Holland gibt es sogar Rembrandts.
Doch all deine Bekannten waren in Italien oder wollen dort hin … und sie alle geben damit an, was für eine tolle Zeit sie da hatten. Und bis ans Ende ihres Lebens wirst du sagen: Ja, dahin hatte ich auch gehen wollen. So hatte ich es geplant. Und dieser Schmerz wird niemals, wirklich niemals vorübergehen, … denn der Verlust dieses Traumes ist ein sehr, sehr schwerwiegender Verlust.

> Aber … wenn du dein Leben damit verbringst, der Tatsache hinterherzutrauern, dass du nicht nach Italien gekommen bist, wirst du niemals frei sein, die ganz speziellen, wunderschönen Dinge zu genießen, die es in Holland gibt.[40]

In einem Urlaub vor vielen Jahren haderte ich sehr mit Jans Andersartigkeit, für die wir damals noch keinen Namen hatten. Oft kam der Gedanke auf, wie schön es doch wäre, wenn Jan einfach nur »normal« wäre. Und dann stieß ich auf eine Aussage des Autors Max Lucado, die mehr geholfen hat, mich besser auf meine Umstände einlassen zu können: »Hoffen Sie immer noch, dass ihre Haltungen sich ändern werden, wenn sich nur ihre Umstände verbessern? Wenn ja, dann sitzen Sie im Gefängnis und müssen das Geheimnis lernen, mit leichtem Gepäck zu reisen.«[41] Mir wurde bewusst, dass ich mich in einem Gefängnis der Unzufriedenheit befinde, wenn meine Gedanken immer darum kreisen, dass das Leben mit Jan so anstrengend ist. Aber in einem inneren Gefängnis wollte ich nicht sein, sodass ich angefangen habe, mich darin zu üben, mich mit meinen Umständen zu versöhnen.

Ohne die Last, immer wieder mit den Umständen zu hadern, wird das Leben leichter und freier. Die emotionale Energie wird nicht aufgefressen von der Last, sondern kann ganz neu freigesetzt werden, um Beziehung zu gestalten. Sicherlich anders als erhofft und erträumt, aber eben nicht belastet von dem Gedanken, was alles nicht geht, sondern gespeist von dem, was geht und der Realität entspricht. Und dann kann »dein Holland« auch zu einem lebenswerten Ort werden.

ZUM NACHDENKEN

- Welche Umstände kannst du nicht verändern?
- Bist du bereit, dich selbst aus dem Gefängnis der Unzufriedenheit zu entlassen, indem du aufhörst, immer auf bessere Umstände zu hoffen? Was könnte dir dabei helfen? Vielleicht könntest du sogar eine Gefängniszelle aufmalen und drumherum die Ideen sammeln, die dir dabei helfen können, diese Zelle zu verlassen.
- Mache dir eine Liste von den schönen Plätzen und Schätzen, die du in »deinem Holland« entdecken kannst.
- Findest du ein Ja zu deinen persönlichen Umständen? Falls nein: Woran genau liegt das? Und gibt es etwas, das du tun könntest, um Stück für Stück zu einem Ja zu kommen?

Eine neue Sicht auf das Kind entwickeln

Kinder, die anders sind, bekommen oft von ihrem Umfeld – vielleicht sogar schon sehr früh – einen Stempel aufgedrückt: anstrengend, aufreibend, schwierig, auffallend. Das sind nur ein paar Begriffe, die aufzeigen, wie Kinder wahrgenommen werden können. Wenngleich diese Begriffe treffend beschreiben, wie der Alltag gekennzeichnet ist, sind sie leider nicht konstruktiv und beziehungsfördernd. Vielmehr führen sie dazu, dass diese Kinder in Schubladen gesteckt und abgestempelt werden und ein einseitiger Blick auf sie forciert wird.

Statt dieser Negativ-Etiketten brauchen Eltern eine neue Sicht auf ihr Kind. Neben all den Herausforderungen wird so ihr Blick für die positiven Seiten ihres Kindes geschärft. Jedes Kind trägt ein Potenzial in sich und das gilt es, freizulegen und zu fördern.

In dem Buch »Wie anstrengende Kinder zu großartigen Erwachsenen werden« beschreibt die Autorin Mary Sheedy Kurcinka die schädlichen Auswirkungen von diesen Negativ-Etiketten, die Eltern ihren herausfordernden Kindern zuschreiben. In einer Übung wurden Eltern gebeten, all die unangenehmen Eigenschaften zu notieren, die ihr Kind an den Tag legt, wenn es so richtig schlecht läuft. Die Liste der Eltern war lang[42]:

- anspruchsvoll
- völlig verrückt
- destruktiv
- aufsässig
- unvorhersehbar
- weinerlich
- grob
- explosiv
- streitlustig
- dickköpfig
- pingelig
- diktatorisch
- durch nichts von seinem Plan abzubringen
- unflexibel
- total anstrengend
- laut

Wenn man sich diese Liste durchliest, kann man regelrecht spüren, was das mit der Beziehung zwischen Eltern und Kind macht. Diese Etiketten und Worte haben Einfluss, haben Kraft und Macht – auf die Sicht der Eltern auf ihr Kind und damit auch auf die Beziehung untereinander. Die Autorin schreibt, dass diese Negativität wie ein wirbelnder Hurrikan die Beziehung zwischen Eltern und Kind zerstört und dass Eltern genau deswegen eine andere Sicht auf ihr Kind und neue Etiketten brauchen. Jedem dieser Negativ-Stempel kann eine positive Eigenschaft gegenübergestellt werden. So wird aus einem völlig verrückten Kind ein kreatives Kind. Ein explosives Kind kann auch als leidenschaftlich gesehen werden. Aus einem dickköpfigen Kind wird ein zielorientiertes Kind.

Es lohnt sich, diese Übung einmal für sich selbst durchzuführen und aufzuschreiben, welche Stärken mit den auffälligen Verhaltensweisen des eigenen Kindes verknüpft sein können. Weil es nicht immer leicht ist, für ein Negativ-Etikett das entsprechende Gegenüber zu finden, kann die folgende Tabelle als Anregung dienen[43]. So kann eine ganz persönliche und kreative Liste zusammengestellt werden, die einen neuen Blick auf das eigene Kind entstehen lässt.

Alte negative Etiketten	Neue spannende Etiketten
anspruchsvoll	hält an hohen Standards fest
völlig verrückt	kreativ
destruktiv	leidenschaftlich neugierig
aufsässig	charakterfest
unvorhersehbar	flexibel
weinerlich	ausdrucksstark
grob	ehrlich
explosiv	leidenschaftlich

streitlustig	künftiger Rechtsanwalt
dickköpfig	zielorientiert
pingelig	wählerisch
diktatorisch	stark
durch nichts von seinem Plan abzubringen	fokussiert
unflexibel	traditionsbewusst
total anstrengend	energiegeladen
laut	voller Eifer

Als nächsten Schritt können sich Eltern darin schulen, eine ganz neue Art zu entwickeln, wie sie über ihr Kind reden. So geben sie den Negativ-Etiketten immer weniger Raum. Mary Sheedy Kurcinka bringt den »Nutzen« für Eltern und Kind so auf den Punkt:

> Sie können noch heute damit beginnen, keine Worte mehr zu verwenden, die ein negatives Bild Ihres Kindes projizieren. Es ist wirklich kein so großer Sprung von pingelig zu wählerisch oder sogar von unausstehlich zu spektakulär. Durch ein verändertes Vokabular können Sie dafür sorgen, dass Ihr Kind von Ihnen und anderen anders wahrgenommen wird. Sie können ein neues Bild schaffen, das sich gut anfühlt, gut aussieht und sozial gebilligten Standards entspricht. Damit nützen Sie Ihrem Kind und sich selbst.[44]

Worte haben Macht, und die Art und Weise, wie Eltern über ihr Kind sprechen, hat Einfluss – darauf, wie sie es wahrnehmen, und darauf, wie sie mit ihm umgehen. Damit soll nichts schöngeredet oder Schwächen geleugnet werden. Natürlich ist es auch wichtig, dass sich Eltern mit den problematischen Seiten ihres Kindes beschäftigen und diese angemessen korrigieren. Aber eine andere Sprache kann dazu beitragen, dass sich insgesamt eine positivere Sicht auf das Kind entwickelt und die Problemperspektive weniger dominiert.

ZUM NACHDENKEN

- Bist du bereit, eine neue Sicht auf dein Kind zu entwickeln? Falls es dir schwerfällt: Was könnte dir dabei helfen? Was könntest du ganz praktisch machen? Mit wem könntest du vielleicht sprechen, um diese neue Sicht zu erlangen?

- Welches Potenzial und welche Stärken kannst du in deinem Kind sehen? Werde am besten so konkret wie möglich und finde Beispiele aus eurem Alltag: Ist es ideenreich? Oder handwerklich sehr geschickt? Ist es mitfühlend? Musikalisch? Sportlich? Tierlieb? Hilfsbereit?

Emotionale Stabilität: Ich halte dich aus!

Eltern eines herausfordernden Kindes kommen in ihrem Familienleben immer wieder an Grenzen – manchmal sogar täglich –, weil die Reaktionen des Kindes oft anstrengend und nicht selten auch sehr verletzend sein können. Um damit zurechtkommen zu können, brauchen sie ein dickes Fell und die Fähigkeit, die Äußerungen ihres Kindes nicht persönlich zu nehmen. Eine gewisse professionelle Haltung ist also vonnöten, wenn Eltern ihren Alltag aktiv und positiv gestalten und Raum für gute Eltern-Kind-Begegnungen ermöglichen möchten. Dabei spielt ein guter Umgang mit den eigenen Gefühlen eine bedeutende Rolle. Wenn es hoch hergeht und ein Kind mit seiner ganzen geballten Energie, Grenzen überschreitet, ist es wichtig, dass Eltern bei sich bleiben können und die Situation angemessen bewerten. Sie dürfen die Reaktionen des Kindes nicht als Angriff gegen sich selbst verstehen, sondern als Ausdruck der inneren Not oder des Mangels, den ein Kind in sich trägt. Das muss sogar dann gelten, wenn das Kind nicht nur mit Worten, sondern vielleicht auch mit Gegenständen um sich wirft. Wenn es vor lauter Gefühlschaos Dinge zerstört oder mit Händen und Füßen seinen Gefühlen Ausdruck gibt. Das auszuhalten, ist nicht immer leicht. Aber die Kunst ist, dieses Verhalten richtig einzuordnen, innerlich – vielleicht auch manchmal räumlich – ein Stück auf Abstand zu gehen und in einer Klarheit bei den Vereinbarungen und Absprachen zu bleiben. Diese innere Stabilität ist notwendig, damit das Kind trotz aller Alltagskonflikte erlebt, dass mit seinen Provokationen die Liebe der Eltern nicht auf dem Spiel steht. Es ist diese Entscheidung: »Ich halte dich aus, auch wenn du gerade mit Worten und Reaktionen um dich schlägst.«

Genau diesen Weg gehen Antje und Holger bis heute Tag für Tag. Sie haben im ersten Teil des Buches von ihren Adoptivkindern erzählt.

In diesen Akutsituationen, in denen unser Sohn so beleidigend war, kamen mir vor Wut und Verletzung öfter die Tränen. Das war wiederum für unseren Sohn so schlimm auszuhalten, dass er mit weiteren Beleidigungen nachsetzte. Deswegen versuchen wir jetzt trotz unserer inneren Empörung keinerlei Angriffsfläche mehr zu bieten und auf die Abkühlung des Gemütes zu warten. Außerdem versuchen wir, uns in der Zwischenzeit in die subjektive Sicht unseres Sohnes hineinzuversetzen und Erklärungen für den Wutanfall zu finden. Dabei befinden wir uns auf einem schmalen Grat zwischen Erklärung und Mitleiden. Letzteres lässt uns natürlich nicht los, dient aber in der Beziehung keinem von uns.

Eine wichtige Erkenntnis für uns war sicher, dass unser Kind nichts für diese Schwierigkeiten kann, sondern durch seinen besonderen Werdegang und seine Prägungen ein ordentliches Päckchen im Leben zu tragen hat. Offene langjährige Erfahrungsaustausche mit anderen Adoptiveltern und medizinischen und pädagogischen Fachleuten haben uns geholfen, das zu akzeptieren und uns selbst auch keine Schuld daran zuzusprechen.

Unser Sohn und auch seine beiden Geschwister, die ähnliche Gedanken haben mögen, aber andere Reaktionen zeigen, brauchen ein stabiles Umfeld. Die brauchen Menschen, die auch im größten Chaos und nach schlimmsten Verletzungen dableiben, Menschen, auf die sich die Kinder verlassen können, auch wenn sie es in Gänze nie tun könnten. Also versuchen wir täglich unsere uneingeschränkte Liebe zu zeigen, Geduld zu üben, Grenzen zu setzen, nicht zu verzagen und still zu vergeben.

Wir hören auch nicht auf, unserem Sohn unsere uneingeschränkte Liebe zu sagen und zu zeigen – auch wenn ihn das in Wutanfällen erst recht auf die Palme zu bringen scheint und uns (temporär) ehrlicher Hass entgegenschlägt. Denn: Wir haben ihn sooo lieb!

Jeden Tag neu müssen sich Antje und Holger diese innere Stabilität vor Augen halten und eine Haltung der Gelassenheit erkämpfen, denn manchmal erwischt es sie eiskalt. Und dieses eiskalte Erwischen ist letztlich auch das, was so herausfordernd ist. Die emotionalen Ausbrüche und unangenehmen Reaktionen eines Kindes melden sich nicht vorher an, sodass Eltern eine Zeit der inneren Vorbereitung haben. Sie kommen nicht selten von jetzt auf gleich in den ungünstigsten Momenten – dann, wenn gerade nicht viel Zeit ist, andere wichtige Dingen anstehen oder ein anstrengender Tag hinter ihnen liegt.

ZUM NACHDENKEN

- Was könnte dir dabei helfen, die Verletzungen deines Kindes nicht auf dich selbst zu beziehen?

- Kannst du dich selbst so gut von deinem Kind abgrenzen, dass du in Konfliktsituationen bei dir bleiben kannst und nicht in Gegenwehr gehst? Wenn ja: Was sind deine Hilfsmittel? Wenn nein: Woran könnte es liegen, dass dir die Abgrenzung schwerfällt?

- Was nimmst du wahr, wenn du dich in dein Kind hineinversetzt und seine Sicht annimmst?

- Was hilft dir, innerlich stabil reagieren zu können?

In solchen sowieso schon angespannten Situationen die Ruhe zu bewahren und gelassen zu reagieren, erfordert eine Menge Kraft – ein Grund, warum Eltern unbedingt darauf achten müssen, dass ihr eigener Energiehaushalt ausgeglichen ist.

Den eigenen Tank füllen

All die Schritte auf dem Weg zur Annahme sind wichtige und gute Schritte, aber es sind auch keine leichten Schritte. Sie kosten Energie, Geduld und Ausdauer und fordern Eltern eine Menge ab. Ein Kind zu lieben, auch wenn diese Liebe im Moment kaum zu spüren ist, ist ein Kraftakt und kann durchaus an die Substanz gehen. Um in Konflikten und Grenzsituationen auf eine innere Stabilität zurückgreifen zu können, müssen Eltern unbedingt auf ihren eigenen emotionalen Tank achten. Nur wenn sie selbst einen vollen Liebestank haben, werden sie in der Lage sein, ihre Liebe an ihr Kind weiterzugeben, auch dann, wenn der Alltag und das Familienleben gerade nicht so rund laufen.

Aus diesem Grund möchte ich dich, als Mama, als Papa, an dieser Stelle sehr ermutigen, gut auf dich selbst und auf einen ausgewogenen Lebensstil zu achten, denn die Familienphase ist eine sehr anspruchsvolle Zeit.

Eltern müssen viele Aufgaben wahrnehmen: Familie, Partnerschaft, Haushalt, Beruf und Ehrenamt sind verschiedene Bereiche, in denen sie unterschiedliche Rollen einnehmen und unterschiedlichen Erwartungen gerecht werden müssen. Unglaublich viele Themen wirken Tag für Tag auf Eltern ein, sodass manchmal wenig Luft für die eigenen Bedürfnisse bleibt. Gerade in der Rushhour des Lebens sind deshalb viele am Limit und fühlen sich im Alltag überfordert. Aber genau das ist eine gefährliche Situation, weil ausgebrannte Eltern dauerhaft keine Energie aufbringen können, angemessen und ruhig auf die Bedürfnisse und auf die Besonderheiten ihres Kindes zu reagieren.

Nicht selten gehen die »Kämpfe« mit herausfordernden Kindern auch an den Geschwisterkindern nicht vorbei. Die Familie ist ein sensibles System und wenn es einem in der Familie schlecht geht, hat das in der Regel auch Auswirkungen auf alle anderen. Jedes Kind reagiert auf seine Weise auf die Familiendynamik. Das eine rebelliert, das andere zieht sich zurück oder passt sich extrem an, bis irgendwann ersichtlich wird, dass auch das Geschwisterkind leidet und Hilfe braucht. Und so sind Eltern auf einmal mit der nächsten Baustelle konfrontiert. Wieder braucht ein Kind besondere Aufmerksamkeit und Zuwendung. Eine Mutter formulierte mal, dass es sich anfühlt, als würde sie zwei Einzelkinder erziehen. Das macht deutlich, wie sehr das ganze Familiensystem die Eltern herausfordert und Eltern eine Menge Kraft abverlangt.

Deswegen möchte ich dich noch mal sehr ermutigen, innezuhalten und dir deinen eigenen Liebestank anzusehen.

ZUM NACHDENKEN

- Wie voll ist dein eigener Liebestank auf einer Skala von 1-10? Vielleicht magst du auch eine Zeichnung machen, in die du den Pegelstand des Liebestankes einzeichnest?
- Was ist deine Kraftquelle?
- Wie kannst du selbst am besten entspannen?
- Hast du in deinem Alltag ausreichend Zeit und Raum für deine Bedürfnisse? Wenn ja: Wie machst du das konkret? Wenn nein: Woran könnte das liegen und wie könntest du dir Zeit und Raum schaffen?

- Ist die Qualität deiner Paarbeziehung so, dass ihr euch gegenseitig unterstützt oder lassen du und dein Partner/deine Partnerin dort eher Kraft? Was tut deiner Paarbeziehung gut?

- Fällt es dir schwer einzugestehen, dass du Unterstützung benötigst, weil es zum Beispiel nicht deinem Ideal entspricht? Wen kannst du um Unterstützung bitten? Vielleicht weißt du nicht, an welcher Stelle du zuerst anfangen kannst. Hier einige Tipps: Kinderbetreuung mit Freunden teilen, Erziehungsberatung aufsuchen, Hausaufgabenhilfe in Anspruch nehmen, eine Eltern-Kind-Kur machen, Sport- oder Entspannungskurse belegen oder einen Oma/Opa-Tag fürs Kind einrichten. Mach dir am besten gleich hier eine Liste mit Personen oder Institutionen, an die du dich wenden kannst.

Andere um Hilfe zu bitten, fällt vielen schwer, weil es sich einfach nicht gut anfühlt, sich eingestehen zu müssen, dass man es allein nicht schafft. Vielleicht steckt da auch ein Stück Scham mit drin: »Alle anderen meistern ihr Familienleben, nur ich nicht.« Aber ich möchte sehr dazu ermutigen, anderen von der eigenen Begrenzung und Hilflosigkeit zu erzählen, auch wenn es Überwindung kostet. Oft stellt sich dann heraus, dass es anderen ähnlich geht und dass man mit seinen Baustellen gar nicht so allein ist, wie man denkt.

Eltern mit herausfordernden Kindern müssen sehr auf ihren eigenen Energiehaushalt achten. Allein können sie diese anspruchsvolle Aufgabe kaum schaffen. Deswegen sind eine beständige und starke Energiequelle und ein soziales Netz, das mitträgt und unterstützt, enorm wichtig.

Meine Kraftquelle war in all den Jahren mein Vater im Himmel. Immer wieder habe ich erlebt, wie er als liebender Papa sehr persönlich in meine Alltagssituationen reingesprochen hat – durch Lieder, Bibelverse oder Bücher. So wurde es mir ein immer größer werdendes Anliegen, in meinem Alltag Nischen zu suchen, um in seine Gegenwart zu kommen und mich von seiner Liebe füllen zu lassen. Wenn ich mit meiner Kraft am Ende war, habe ich mich mit offenen Händen hingesetzt und Gott mein Herz ausgeschüttet. Oft habe ich auch die Ruhe im Wald gesucht, wenn es bei uns zu Hause drunter und drüber ging, und mich neu darauf konzentriert, was bedingungslose Liebe ist. Wenn ich selbst nicht mehr so recht wusste, wie ich in den unterschiedlichen Lebensphasen genügend Liebe für meine Kinder aufbringen sollte, zeigte mir Gott, was Liebe bedeutet: Er liebt mich, obwohl ich manchmal auch ganz schön uneinsichtig sein kann und immer wieder dieselben Fehler mache. So hat mir der Blick auf die Barmherzigkeit und Geduld Gottes neue Kraft und Motivation gegeben, mich meinem Alltag mit den Kindern zu stellen – Schritt für Schritt.

Eine weitere wichtige Energiequelle war unser Mütter-Gebetstreff. Über Jahre hinweg habe ich mich regelmäßig mit einigen Freundinnen getroffen und wir haben gemeinsam für unsere Kinder und Familien gebetet. Viele Alltagsthemen wurden dort auf den Tisch gebracht. Es tat gut, die Schwierigkeiten und Hürden auszusprechen, gehört zu werden und diese dann gemeinsam vor den Thron Gottes zu bringen. Oft bin ich nach unseren Treffen ermutigt nach Hause gegangen, weil ich wusste, dass vertraute Menschen mitfühlen und mitdenken. Dieses Netzt hat mich über viele Jahre getragen.

Daneben gab es auch ganz praktische Hilfen, die meinen Alltag erleichtert haben: Meine Mutter, die die Bügelwäsche übernommen oder meine Kinder vom Kindergarten abgeholt hat. Oder andere Mütter, mit denen ich Fahrgemeinschaften hatte, um unsere Kinder zu ihren Freizeitaktivitäten zu fahren. Das hat mich sehr entlastet, sodass ich im Alltag auch immer kleine Oasen genießen konnte.

Und die vielen, zahlreichen Gespräche mit meinem Mann waren und sind für mich bis heute eine wesentliche Ressource. Das gemeinsame Reflektieren, Ermutigen und Korrigieren war uns immer eine Bereicherung, sodass wir uns am Ende eines Gespräches aufrichten und neu sortiert den Alltag anpacken konnten. »Gemeinsam durch dick und dünn« – ein Motto, das uns in all den Jahren immer wichtiger geworden ist.

Ein Prozess: keine Perfektion und doch dranbleiben

Mit der Entscheidung, das eigene Kind mit seiner ganzen Persönlichkeit anzunehmen, haben Eltern nicht die Garantie, dass in der Familie von heute auf morgen alles harmonisch verläuft. Eher selten führt eine einmalige Entscheidung dazu, dass sich die eigene Einstellung grundlegend verändert. Es ist nicht automatisch so, dass sich von jetzt auf gleich das Familienleben völlig entspannt, das Kind immer ausgeglichen ist und keinerlei Gefühle der Ablehnung mehr auftreten. Der Weg zur Annahme ist ein Prozess, in dem es auch mal Rückschläge geben wird. Und doch hat eine solche Entscheidung Kraft, langfristig die gewohnten und destruktiven Reaktionsmuster zu durchbrechen und ein neues Miteinander einzuüben.

Auf diesen Prozess, der nicht immer leicht war, hat sich Heidi eingelassen. So ist aus der angespannten Mutter-Tochter-Beziehung eine stabile wertschätzende Herzensbeziehung geworden, in der nun die vorher so belastenden Temperamentsähnlichkeiten nicht mehr im Vordergrund stehen.

Die ersten Schritte ging ich in der Beratung: Mein eigenes Aufwachsen zu reflektieren, meinen Eltern zu vergeben, selbst Buße zu tun für mein verletzendes Verhalten meiner Tochter gegenüber – das war nicht leicht, aber im Vergleich zur Umsetzung in die Praxis doch nur die Initiierung eines länger andauernden Prozesses.

Relativ leicht ist mir auch noch gefallen, meine Tochter um Vergebung zu bitten für alles, was ich ihr entgegengebracht hatte: Lieblosigkeit, Strenge, Ungeduld, unterschiedliche Behandlung gegenüber ihren Geschwistern, Ungerechtigkeit und andere Reaktionen. Diese bedeutsame Situation steht mir auch nach vielen Jahren in allen Einzelheiten vor Augen.

Damit verbunden war natürlich nicht eine Verhaltensänderung ihrerseits. Nach wie vor forderte sie mich mit ihrem Temperament im Alltag häufig heraus, wieder auf die schon eingespielte Weise zu reagieren. Mir wurde schnell bewusst, dass ein einmaliger Akt der Annahme für die nächsten Monate und Jahre nicht ausreichen würde, sondern dass dies für die nächste Zeit mein tägliches Gebet werden und eine immer wiederkehrende Übung bedeuten würde.

Jeden Morgen stand ich neu vor Gott, um ihm für meine Tochter zu danken und mein Herz mit Liebe für das kleine Mädchen füllen zu lassen. Nicht weil ich das fühlte, sondern weil sie es so sehr brauchte. Ebenso war es eine tägliche Übung, mir vor Augen zu halten, dass sie zum emotional gesunden Aufwachsen beständig mehr Ermutigung als Kritik von mir dringend brauchte.

Das war ein Weg mit vielen kleinen Schritten, Versagen, Niederlagen und immer wieder neuen Anfängen. Aber ich wollte das alles und bin drangeblieben. Das »Kind« ist lange erwachsen, wir waren oft über diese Geschichte im Gespräch. Sie hat jetzt selbst eine Familie mit vier Kindern! Und viele tolle Begabungen, die ich neidlos anerkennen kann. Wir schätzen uns sehr. Und das Schönste, was sie mir jemals gesagt hat, sagte sie mir kurz vor ihrer Hochzeit: »Mama, ich habe viele Menschen, mit denen ich reden kann, aber wenn es eng wird, komme ich zu dir!«

In vielen Gesprächen mit Eltern mit ähnlichen Problematiken hörte ich immer wieder: »Wie kann ich Liebe ausdrücken, wenn ich sie gar nicht empfinde? Das ist doch gelogen!« Ich kann mit großer innerer Überzeugung sagen: Dein Gefühl täuscht dich. Dein Kind braucht deine Liebe, es hat nur diese Mutter oder diesen Vater und du bist in der Verantwortung, sein wichtigstes Bedürfnis zu erfüllen. Warte nicht, bis deine Gefühle auf Liebe eingestellt sind. Ich habe erfahren, dass sich die Gefühle deutlich umkehren, wenn man beginnt, das Richtige zu tun! Es geht immer und nur in dieser Reihenfolge.

Dass meine Tochter und ich heute relativ nah und in einer guten Beziehung miteinander leben, ist für mich das schönste Geschenk!

Wenn Eltern so wie Heidi beginnen, ihr Kind bedingungslos zu lieben und das auch praktisch leben, werden sich die meisten Kinder nicht von heute auf morgen völlig verändern und alle unangemessenen Verhaltensweisen, die sie sich möglicherweise über Monate oder Jahre angeeignet haben, ablegen. Ähnlich wie bei einem trägen Containerschiff, das nur langsam die Richtung wechselt, wenn das Steuerrad gedreht wird, wird es einfach eine Weile dauern, bis die neue Familienatmosphäre Auswirkungen auf das kindliche Verhalten haben wird. Deswegen brauchen Eltern einen langen Atem und viel Geduld. Auch wenn sie nicht direkt die Früchte ihrer Entscheidung auf allen Ebenen sehen können, bleibt die Entscheidung dennoch richtig. Langfristig werden Kinder merken, dass Mama oder Papa es ernst meinen. Wenn sie erleben, dass die Kritik weniger wird und sie in ihrer Persönlichkeit wertgeschätzt werden, hat das Auswirkungen auf ihr Herz und sie müssen auf Dauer weniger durch provokative Verhaltensweisen um Aufmerksamkeit und Annahme ringen.

Außerdem ist es auch normal, dass Eltern nicht immer perfekt lieben können. Gerade in kritischen Situationen verfallen Menschen schnell wieder in ihre lang erlernten Verhaltensweisen. Natürlich werden Kinder ihre Eltern weiterhin zur Weißglut bringen oder enttäuschen. Und natürlich sind Eltern keine Maschinen, die immer perfekt reagieren, sondern Menschen, die aus der Verletzung heraus wenig besonnen handeln. Wenn es gerade angespannt ist oder die Lebenssituation stressig und herausfordernd, wird es natürlich auch Momente geben, wo Väter und Mütter nicht richtig handeln. Möglicherweise rutscht dann doch wieder ein abwertender Satz raus oder es fehlt die Energie, die positiven Seiten des Kindes zu sehen und es entsprechend zu ermutigen. Aber das ist keine Katastrophe. Fehler gehören zum Erziehungsalltag dazu und Eltern sind nicht immer in der Lage, angemessen auf die Bedürfnisse ihrer Kinder zu reagieren. Die Vorstellung, dass Eltern immer perfekt handeln müssen, wäre eine Idealisierung, die nicht zu leben wäre und für unnötige Schuldgefühle sorgen würde. Anstatt dem irrealen Ziel nachzufolgen, immer alles richtig machen zu müssen, brauchen Eltern die Bereitschaft, die eigenen Fehler zu benennen, sich zu entschuldigen und es unter Umständen auch wiedergutzumachen. Damit verschaffen sich Eltern Respekt und Achtung von ihren Kindern, sodass missglückte Begegnungen und Verletzungen, die es auch immer wieder mal geben kann, nicht so schwer wiegen.

Der Psychoanalytiker Donald Winnicott hat in seinen Arbeiten den Ausdruck »die hinreichend fürsorgliche Mutter«[45] geprägt, um damit zu verdeutlichen, dass es für eine gute Eltern-Kind-Beziehung nicht problematisch ist, wenn nicht alles ideal und perfekt läuft. Eltern müssen einfach nur gut genug sein. Eine ausreichend gute Mutter, ein ausreichend guter Vater geht feinfühlig genug auf die Bedürfnisse des Kindes ein, sodass die Beziehung von Vertrauen geprägt ist.

Entscheidend ist also, dass Eltern grundlegend die Bereitschaft mitbringen, sich in ihr Kind hineinzuversetzen und sich selbst immer wieder zu hinterfragen.

ZUM NACHDENKEN

- Gehst du ausreichend auf die Bedürfnisse deines Kindes ein? Woran kannst du festmachen, ob es so ist oder ob es vielleicht auch nicht so ist?
- Gibt es etwas, was du verändern kannst? Schreibe dir am besten zwei bis drei konkrete Punkte auf.
- Bringst du weiterhin die Bereitschaft mit, dein Kind so zu lieben, wie es ist? Falls du merkst, dass du die Bereitschaft nicht mehr hast: Was oder wer könnte dir dabei helfen, diese wieder zurückzugewinnen?
- Hast du in den vergangenen Tagen auf das Verhalten deines Kindes überzogen reagiert, sodass du dich entschuldigen solltest? Falls ja: Was waren die Auslöser dafür und wie hättest du stattdessen reagieren können?

- Gab es in den letzten Tagen Herzensmomente, in denen du mit deinem Kind eine warmherzige Begegnung hattest? Welche waren das? Falls du dich an keinen solchen Moment erinnern kannst: Wie könntest du in den nächsten Tagen einen solchen Herzensmoment fördern? Vielleicht das Lieblingsessen deines Kindes kochen? Einen Ausflug machen? Gemeinsam ein tolles Spiel spielen?

Somit bleibt Erziehungsarbeit immer auch Arbeit an uns selbst und fordert uns als Eltern heraus, uns zu reflektieren und zu reifen Persönlichkeiten zu entwickeln. Aber diese Arbeit lohnt sich, weil wir am Ende mit einer stabilen Beziehung zu unserem Kind belohnt werden.

INNERE BLOCKADEN

In den vorausgehenden Kapiteln habe ich ausgiebig beschrieben, wie bedeutsam es ist, jedes Kind um seiner selbst willen zu lieben. Und es sagt sich so leicht: Du musst dein Kind so lieben, wie es ist. Aber was ist, wenn das nicht funktioniert?

Vielleicht hast du dich tatsächlich schon dazu entschieden, diesen Schritt der Annahme zu gehen. Vielleicht bringst du von ganzem Herzen die Bereitschaft mit, dich in dein Kind zu investieren. Und doch scheiterst du jedes Mal im Alltag mit deinem Vorhaben. Sobald die Konfrontation mit deinem Kind da ist, kannst du das, was du dir vorgenommen hast, nicht umsetzen.

Natalie hat im ersten Teil des Buches bereits von der herausfordernden Beziehung erzählt, die sie und ihr Mann Thomas zu ihrem zweiten Kind hatten. Immer wieder kamen sie als Eltern an ihre Grenzen. Thomas selbst erlebte im Umgang mit seinem Sohn und in dem Versuch, eine gute Beziehung zu ihm zu gestalten, regelrecht innere Blockaden. Es funktionierte einfach nicht. Ähnlich war es ihm auch schon mit seinem ersten Sohn gegangen. Zu Beginn seiner Vaterschaft hatte es einige Startschwierigkeiten gegeben, die sich mit der Zeit etwas gelegt hatten. Beim zweiten Kind wurden diese Hürden aber deutlich größer. Obwohl er schon einiges nach der Geburt seines ersten Sohnes reflektiert hatte, bekam er keinen Zugang zu seinem zweiten Sohn:

Mit meinem zweiten Sohn wollte ich mehr richtig machen. Das habe ich mir vorgenommen. Aus Erfahrungen gelernt zu haben, das habe ich geglaubt. Nachdem Anton geboren war, dauerte es allerdings nicht lange, bis ich meine Probleme mit ihm bekam.

Profane Dinge wie Baden – in der Werbung mit vielen lachenden Gesichtern und quietschenden Kindern, versunken in Bergen von Schaum illustriert – entwickelten sich zwischen Anton und mir zum Machtkampf. Er hasste es, sich die Haare waschen zu lassen. In unserem fensterlosen, deckenhoch gekachelten Mini-Bad erklang sein Geschrei nicht selten extrem laut. Ich fühlte mich verletzt. Ich erwischte mich dabei, in Gedanken das Wasser einfach mal auf eiskalt zu stellen und ihn damit abzuduschen, um ihm die Verletzung zurückzugeben, die ich spürte. Rache. Quasi. In solchen Momenten war es für Außenstehende vermutlich schwer zu erkennen, wer hier eigentlich das Kind war.

Ich betrachte in der Retrospektive das Baden als den Beginn unseres Beziehungs-Teufelskreises. Es folgte die Verweigerung des Essens, permanenter Ungehorsam und regelmäßige Machtspiele. Den Tiefpunkt unserer Beziehung beschreibt der Moment, als ich von der Arbeit nach Hause kam, er mir als Vierjähriger gegen das Schienbein trat und mich mit »Hallo, du Arsch!« begrüßte. Hätte jemand das Kind zu dieser Zeit adoptieren wollen, ich hätte noch Geld dazugegeben!

Wenn es trotz aller guten Vorsätze nicht möglich ist, bedingungslos zu lieben, gilt es, den Ursachen dafür auf die Spur zu kommen, denn Veränderung ist nur möglich, wenn die von den Eltern in ihrer Kindheit gemachten Erfahrungen in den Blick genommen werden.

Mögliche Ursachen für innere Blockaden

Auch Eltern sind genauso wie ihre Kinder kein unbeschriebenes Blatt. Väter und Mütter bringen ihre eigene Geschichte mit.

> Wir übernehmen, was uns vorgelebt wird. In den allermeisten Fällen geben die Eltern das Beste mit, das sie geben können. Dieses Beste muss jedoch nicht gleichzeitig das Beste für das Kind sein. Dabei handeln die wenigsten Eltern bewusst aus böser Absicht. Vielmehr sind sie wiederum Kinder ihrer Herkunftsfamilie.[46]

Alle Menschen haben als Kind in ihrem Zuhause gelernt, nach welchen Prinzipien das Leben funktioniert. Wenn es gut gelaufen ist, haben sie in ihrer Kindheit Urvertrauen erworben und damit die Grundvoraussetzung mit ins Leben bekommen, Beziehungen aufbauen und gestalten zu können. Sie haben erlebt, dass ihre Eltern sie mit einer positiven und wertschätzenden Autorität begleitet und ihnen etwas zugetraut haben.

Doch was passiert, wenn es in der eigenen Kindheit nicht gut gelaufen ist? Mehr oder weniger haben alle Eltern einen gewissen Mangel in ihrer Kindheit erfahren, der, wenn er nicht zu groß ist, durchaus aufgefangen und ausgeglichen werden kann. Aber es gibt auch solche Kindheitserfahrungen, die nicht einfach so abgeschüttelt werden können, sondern zu destruktiven Lebensskripten und Handlungsmustern führen, die den Mangel an die nächste Generation weitergeben. Eltern machen das Verhalten ihrer Eltern nach, obwohl sie eigentlich nicht wollen. Sie bestrafen ihr Kind mit Liebesentzug, schreien ihr Kind an oder schaffen es nicht, ihm eine Grenze zu setzen. Die Prägungsfalle schnappt zu und Eltern können nicht so frei handeln, wie sie das möchten. Dann ist es als Mutter, als Vater notwendig, einige Schritte mehr in die Tiefe zu gehen und sich die Ursachen anzusehen, warum aus den eigenen Handlungsautomatismen nicht einfach so ausgestiegen werden kann, obwohl der Wunsch und der Wille doch da sind. Oft braucht es dafür auch den Blick von außen, weil die großen Zusammenhänge gar nicht immer so leicht zu erkennen sind.

Unsichere Bindungen

Im ersten Teil des Buches habe ich aufgezeigt, dass eine sichere Bindung eine wichtige Voraussetzung dafür ist, dass man als Erwachsener gute Beziehungen gestalten kann. Nun sieht die Realität aber so aus, dass etwa 35 Prozent aller Kinder keine sichere Bindung zu ihren Eltern haben und genau aus diesem Grund auch mit relativ hoher Wahrscheinlichkeit keine sichere Bindung zu ihren eigenen Kindern aufbauen können.[47] Der Bindungsforscher Karl Heinz Brisch schreibt: »Es gibt einen eindeutigen Zusammenhang zwischen den Bindungserfahrungen der Eltern, ihrem Verhalten gegenüber ihrem Säugling und den Bindungsmustern der Kinder.«[48]

Manche Eltern verfügen nicht über die notwendige Feinfühligkeit, die Bedürfnisse ihres Kindes zu sehen und entsprechend darauf einzugehen, obwohl ihr Kind gewünscht war und obwohl sie ihr Kind lieben. Aber aufgrund ihrer eigenen Bindungserfahrungen fällt es ihnen schwer, zu spüren, was ihr Kind benötigt, wenn es signalisiert, dass es Hilfe braucht. Eltern nehmen die Signale ihres Kindes durchaus wahr, aber sie sind nicht in der Lage, den Schluss zu ziehen, wie sie ihr Kind jetzt richtig unterstützen können: Weil ihnen die eigenen guten Erfahrungen fehlen, fehlt ihnen also die notwendige Feinfühligkeit, die sie aber so dringend für die Erziehungsaufgabe benötigen.

Möglicherweise waren die eigenen Eltern sehr auf die Unabhängigkeit ihres Kindes bedacht. In Situationen, in denen das Kind Angst hatte und Sicherheit und Schutz suchte, reagierten sie eher mit Abweisung und signalisierten ihm, dass es mit dem Stress allein zurechtkommen müsse – nicht, weil sie ihr Kind nicht liebten, sondern vielleicht weil ihnen die Selbstständigkeit und Unabhängigkeit des Kindes schon früh wichtig waren. Wenn Kinder aber immer wieder die Erfahrung machen, dass sie mit einer Herausforderung allein zurechtkommen müssen, ziehen sie den Schluss, dass es besser ist, das Bedürfnis nach Nähe und Zuwendung lieber nicht zu zeigen. Sie vermeiden es, in eine enge Beziehung zu gehen und bleiben lieber etwas auf Abstand, sodass man hier von einem »unsicher-vermeidenden Bindungsstil« reden kann. Eltern, deren eigene Kindheit von einem solch vermeidenden Erziehungsstil geprägt war, bringen keine Idee und kein Gefühl dafür mit, wie sie nun selbst auf eine angemessene Art die so wichtige Balance zwischen Bindung und Autonomie leben können.

Eine andere Prägung, die Eltern mit ins Leben bekommen können und die sich auf die nächste Generation auswirken kann, ist eine »unsicher-ambivalente Bindung«, bei der die eigenen Eltern widersprüchliche Signale ausgesendet haben. Zum einen haben sie ihrem Kind in einer Überforderungssituation Trost und Zuwendung geschenkt, zum anderen aber auch Verärgerung gezeigt und zum Ausdruck gebracht, dass es sich jetzt nicht so anstellen und nicht so ein Theater machen solle. Während sie in dem einen Moment ihr Kind noch in den Arm nahmen, sagten sie gleichzeitig: »Jetzt heul hier nicht so rum.«

Kennzeichnend für diesen Stil ist auch, dass Eltern ihr ängstliches, unsicheres Verhalten auf das Kind übertragen haben. Wenn ihr Kind zum Beispiel auf ein Klettergerüst gestiegen ist, haben sie ihm zugerufen: »Vorsicht, pass auf. Du fällst da runter.« Und wenn es dann gefallen ist, haben sie es ärgerlich auf den Schoß genommen und gesagt: »Siehst du, ich habe dir doch gesagt, dass du das nicht kannst.« Diese Eltern haben ihr Kind wenig ermutigt, Neues auszuprobieren, sodass aus ihnen oftmals ängstliche Kinder geworden sind, die weniger die Welt erkundet haben. Diese Kinder nehmen, wenn sie dann später selbst Eltern sind, diese ambivalente Gefühlswelt und Unsicherheit mit in ihre Familien und reagieren dann entsprechend zwiespältig auf ihr eigenes Kind. Sie signalisieren: »Komm ich will dir helfen, ach, nein jetzt doch nicht.« Eltern mit diesem Hintergrund haben dann leider nicht das Bauchgefühl, was sie ihren Kindern zutrauen können, und wo sie eher Sicherheit brauchen.

Ohne eigene gute Bindungserfahrungen ist es deutlich schwerer, eine starke Bindung zu den eigenen Kindern zu entwickeln – einfach weil Eltern es nicht gelernt haben. Weil die eigene Kindheit vom ambivalenten oder vermeidenden Verhalten der eigenen Eltern geprägt war, wissen und spüren die Eltern in der nächsten Generation nicht, wie sie ihren Kindern mit Feinfühligkeit begegnen und Sicherheit und Beständigkeit vermitteln können.[49]

Die gute Nachricht ist, dass unzureichende Bindungserfahrungen nachgeholt werden können. Nicht von heute auf morgen. Aber mit der Bereitschaft, sich die eigene Geschichte anzusehen und sich helfen zu lassen, ist die Voraussetzung dafür da, dass transgenerationale Übertragungsphänomene durchbrochen werden können. Manchmal sind dazu auch lange Wege notwendig. Je unsicherer die Bindung ist, desto mühsamer kann der Weg der Wiederherstellung sein. Weil Menschen aber ein Leben lang dazu in der Lage sind, zu lernen, und Veränderungsprozesse immer möglich sind, möchte ich Eltern mit unsicheren Bindungsstrukturen sehr ermutigen, die eigenen kindlichen Erfahrungen mit seelsorgerlicher oder therapeutischer Begleitung zu reflektieren und aufzuarbeiten. Diese Erlebnisse sind damit nicht weg, aber sie können neu bewertet werden, sodass diese Eltern nicht in der Prägungsfalle stecken bleiben müssen, sondern andere Handlungsmuster einüben können. Durch eine sogenannte »Nachbeelterung« ist es auch im Erwachsenenalter möglich, neue Bindungserfahrungen zu machen, sodass die unsicheren Bindungsstrukturen nicht an die nächste Generation weitergegeben werden müssen. Und damit wächst auch die Wahrscheinlichkeit, dass der Weg der Annahmen gelingen kann.

Glaubenssätze

Die mangelnde Fähigkeit, auf die Bedürfnisse des Kindes angemessen eingehen zu können, kann auch auf bestimmte Glaubenssätze zurückgeführt werden. Solche Glaubenssätze sind Grundüberzeugungen, die jeder Mensch in den ersten Lebensjahren entwickelt und die nicht so ohne Weiteres überschrieben werden können.

Jedes Kind macht in seiner Familie Erfahrungen, die aus Kindersicht eine Norm darstellen und aus denen es Schlüsse zieht. Auch hier gibt es wieder sowohl eine positive Seite als auch eine negative Seite. Wird dem Kind gespiegelt, dass es wichtig und willkommen ist, entwickelt es eine positive Sicht auf sich selbst und kann mit einem gesunden Selbstbewusstsein mit seiner Umgebung interagieren. Wird ihm dagegen ständig vermittelt, dass seine Gefühle jetzt nicht in Ordnung sind oder dass es keinem zur Last fallen soll, entsteht ein defizitäres Selbstbild. Ein Kind glaubt das, was die Eltern über es sagen – mit Worten und nonverbalen Botschaften.

Manche Eltern haben zum Beispiel einen sehr hohen Anspruch an ihr Kind: Sie wünschen sich, dass es beste Leistungen bringt und fördern und fordern es deswegen in höchstem Maße. Sie versuchen, ihr Kind zu motivieren damit es Erfolg im Leben haben wird. Sie freuen sich über gute Leistungen, schieben aber auch immer hinterher, dass es in diesem oder jenem Bereich noch besser gehen könnte: »Schau mal, hier könntest du dich noch mehr anstrengen.« »Das ist schön, aber so wäre es noch besser.« All diese Aussagen kann ein Kind nicht objektiv betrachten. Es kann nicht denken: »Sie meinen es nicht böse, sie wollen mich nur motivieren.« Stattdessen bezieht es eine solche Aussage auf sich persönlich: »Ich mache es nicht gut genug. Ich genüge nicht. Meine Anstrengungen reichen nicht aus.«

Diese Glaubenssätze entstehen schon früh in der kindlichen Entwicklung und sind tief in der Seele des Kindes verankert. Deswegen ist die Wahrscheinlichkeit auch recht groß, dass ein Kind sie wie eine Regieanweisung mit in sein Leben nimmt. Aus diesen frühen unbewussten Glaubenssätzen können Reaktionsmuster entstehen, die sich durch das ganze Leben eines Menschen ziehen und auf alle Lebensbereiche auswirken.

Wurde zum Beispiel ein Gefühl der Minderwertigkeit durch Sätze ausgelöst wie: »Das geht aber besser«, kann das zu einer bestimmten Gegenreaktion führen, um das eigene Herz zu schützen: »Ich bin nicht gut genug – also muss ich kämpfen, ich muss mich noch mehr anstrengen. Nur wenn ich perfekte Leistungen zeige, bin ich wertvoll und richtig.« Das Gefühl der Minderwertigkeit wird in diesem Fall durch einen Hang zum Perfektionismus ausgeglichen. Damit können sich Festlegungen ins Herz setzen, die maßgeblich das tägliche Handeln prägen und natürlich auch den Umgang mit den eigenen Kindern beeinflussen. Wenn ein Vater zum Beispiel selbst kein gutes Selbstwertgefühl hat und versucht, dieses durch herausragende Leistungen zu kompensieren, kann sich diese Haltung auch auf das Kind übertragen. Dann ist es wichtig, dass das eigene Kind gute Leistungen bringt und ein Vorzeigekind ist, das auf keinen Fall anecken darf. Dieses Lebensgefühl hat einen enormen Einfluss auf den gesamten Erziehungsstil.

Das fatale an solchen Glaubenssätzen ist, dass sie uns in der Regel nicht bewusst sind. Weil sie so tief sitzen, führen sie zu ganz automatischen und spontanen Reaktionen, die es Eltern schwer machen, ihrem Kind das Gefühl der Annahmen zu vermitteln. Bringt ihr Kind nicht die erwartete Leistung, ist das spontane Gefühl Enttäuschung und die gesamte Körpersprache signalisiert: »Anders wäre besser gewesen.« Und ehe man sich versieht, ist der Spruch rausgerutscht, den man eigentlich nicht mehr sagen wollte: »Du hättest auch mehr lernen müssen. Dann hättest du diese Fehler nicht gemacht.« Obwohl Eltern im Kopf durchaus wissen, dass ihr Kind bedingungslose Liebe braucht, sind sie doch in ihren spontanen Reaktionen gefangen und können nicht aus ihrer Haut. Sie tappen immer wieder in die gleiche Falle: »Du könntest es besser machen.« Und so können negative Glaubenssätze, ganz gleich welcher Art, die Annahme des eigenen Kindes auf der praktischen Ebene blockieren und verhindern, dass die Liebe beim Kind ankommt.

Manchen dieser Glaubenssätze kann man relativ leicht auf die Spur kommen, indem man sich mit seiner eigenen Entwicklung auseinandersetzt. In dem Buch »Das Kind in dir muss Heimat finden« zeigt die Psychologin Stefanie Stahl praktische Schritte auf, wie man seine eigenen destruktiven Glaubenssätze finden und durch neue positive Sätze ersetzen kann.[50] Diese Eigenarbeit setzt voraus, dass man sich selbst gut reflektieren kann und die Bereitschaft mitbringt, eine neue Denkweise einzuüben.

Anderen reicht diese Vorgehensweise nicht aus. Ihre Glaubenssätze sind auf Erfahrungen in der frühen Kindheit zurückzuführen, die so tief in ihrer Seele verankert sind, dass sie auf das, was in ihrem Unterbewusstsein abgespeichert ist, nicht einfach so Zugriff haben. Deswegen sind manche Glaubenssätze nicht so leicht aufzuspüren und abzulegen. Dann ist es hilfreich, sich in der seelsorgerlichen Beratung Unterstützung für diesen Weg zu holen.

Gewalterfahrungen

Auch wenn Gewalt in der Erziehung heute gesetzlich verboten ist und gesellschaftlich allgemein abgelehnt wird, spielt sie leider immer noch in nicht wenigen Familien eine Rolle. Zum einen, weil in der Realität nach wie vor Gewalt in Familien vorkommt, und zum anderen, weil unverarbeitete Kindheitserfahrungen der Elterngeneration nicht folgenlos für das Erziehungsverhalten in der eigenen Familie sind. Selbst wenn Eltern als Kind Gewalt in irgendeiner Form erlebt haben und diese theoretisch ablehnen, heißt das nicht, dass das ohne Einfluss auf ihre Beziehung zu ihrem eigenen Kind ist.

In einer repräsentativen Umfrage aus dem Jahr 2016 wurden Teilnehmer ab 14 Jahren zu ihren Erfahrungen mit unterschiedlichen Erziehungsmethoden befragt.[51] Demnach haben 61,9 Prozent einen Klaps auf den Hintern erlebt, 43,6 Prozent bekamen eine leichte Ohrfeige, 19,3 Prozent eine schallende Ohrfeige und 8 Prozent wurden mit dem Stock auf den Po gehauen. Nicht überraschend ist hier, dass mehr die älteren Teilnehmer der Befragung angegeben haben, dass sie diese Bestrafungsmethoden in ihrer Kindheit erlebt haben. Doch auch wenn glücklicherweise eine positive Tendenz abzulesen ist und körperliche Bestrafungen heute weniger in der Erziehung eingesetzt werden, sind diese nicht gänzlich verschwunden. 52,1 Prozent der 14- bis 30-Jährigen und 60,9 Prozent der 31- bis 60-Jährigen kennen einen Klaps auf den Hintern. Und auch nicht wenige der Jüngeren wissen, wie sich eine Ohrfeige anfühlt. Damit hat auch ein nicht unerheblicher Anteil der heutigen Elterngeneration in der eigenen Kindheit Gewalt erlebt. Auch wenn es bei vielen »nur« beim Klaps geblieben ist und harte körperliche Strafen immer weniger vorkommen, dürfen wir die Folgen dieser Erfahrungen nicht unterschätzen. Wahrscheinlich hinterlässt der eine oder andere Klaps nicht bei jedem Menschen zwingend tiefe Spuren, gerade dann, wenn die Familienatmosphäre grundlegend liebevoll ist. Und doch ist es eine Tatsache, dass diese Erlebnisse prägen und in irgendeiner Form Einfluss nehmen. Zudem dürfen wir uns in diesem Kontext nicht nur auf die körperliche Gewalt beschränken – seelische Gewalt gehört leider auch zum Alltagserleben vieler Kinder. 12,9 Prozent der Befragten gaben an, dass sie niedergebrüllt worden sind. Interessanterweise liegen die Zahlen in den verschiedenen Altersgruppen hier dicht beieinander, sie steigen sogar leicht in der jüngeren Altersgruppe. So erfreulich die Entwicklung zu sinkender körperlicher Bestrafung ist, so erschreckend ist, dass die emotionale Abwertung von Kindern leider keine Randerscheinung ist, sondern über die Generationen hinweg bestehen bleibt. Fakt ist: Gewalterfahrungen jeglicher Art verletzen die kindliche Seele und schaden einer gesunden und stabilen Eltern-Kind-Beziehung.

Bei Gewalterfahrungen liegt in der Regel auch eine schädliche Autoritätsvorstellung zugrunde – eine Autorität, die nicht von Respekt und Achtung geprägt ist, sondern von falsch verstandener Macht und einem falschen Verständnis von Gehorsam. Väter und Mütter, die selbst eine Kindheit mit elterlicher Machtautorität und einem starken Gefälle zwischen sich und ihren Eltern erlebt haben, können nicht auf Erfahrungen zurückgreifen, wie sie auf eine gute Art und Weise Autorität ausüben können. Ihnen fehlt schlicht das Vorbild, wie sie verlässliche Grenzen setzen können, ohne dabei ihr Kind zu verletzen. Vielleicht handeln sie infolgedessen ebenso autoritär wie die Eltern oder aber sie verfallen genau ins Gegenteil, was heute vermutlich weiterverbreitet ist als die autoritäre Variante. Aus Angst vor zu viel Strenge bevorzugen sie einen eher nachlässigeren, vielleicht sogar verwöhnenden Erziehungsstil, weil ihr Kind nicht dieselben Verletzungen erleben soll wie sie selbst. Allerdings führt weder die eine noch die andere Erziehungsvariante zu einem ausgewogenen Erziehungsverhalten, das dem Kind Schutz und Orientierung geben kann. Aus diesem Grund ist es wichtig, dass Eltern, die mehr oder weniger Gewalt erlebt haben, sich ihrer Geschichte stellen und diese aufarbeiten. In der Regel bleiben ihre Erfahrungen nicht ohne Einfluss auf das weitere Leben – selbst dann, wenn es keine ausgeprägten Misshandlungen waren, sondern »nur« hin und wieder »ein Klaps« oder ein »paar Schläge«. Kindliche Verletzungen jeglicher Art müssen ernst genommen werden, weil auch sie zu Glaubenssätzen führen können, die die nächste Generation prägen und die Bedürfnisbefriedigung und Annahme des Kindes blockieren.

Traumatische Erlebnisse

Unter bestimmten Umständen können Verletzungen aus der Vergangenheit so stark sein, dass Eltern ihrem Kind nicht auf der emotionalen Herzensebene begegnen und keine emotionale Verbindung herstellen können. Materiell und körperlich ist das Kind bestens versorgt, aber nicht emotional. Möglicherweise haben diese Eltern auf der kognitiven Ebene durchaus verstanden, dass das nicht ausreicht. Sie haben sich damit auseinandergesetzt, welche emotionalen Bedürfnisse ihr Kind hat, und vielleicht haben sie sich sogar schon bewusst dafür entschieden, ihr Kind so anzunehmen, wie es ist. Und doch gelingt es ihnen nicht, das Herz ihres Kindes zu erreichen. Sie finden einfach keinen Zugang und scheitern in den Begegnungen des Alltags.

Der Grund dafür könnten eigene traumatische Erfahrungen sein, die es der Mutter oder dem Vater unmöglich machen, sich emotional auf das Kind einlassen zu können. Einschneidende, möglicherweise auch wiederkehrende Ereignisse wie sexueller Missbrauch, ein Unfall, Trennung von den Eltern, Krankenhausaufenthalte oder Ähnliches sind traumatische Erfahrungen, bei denen der Mensch in einen Alarmzustand gerät, der alle Ebenen des Seins berührt. Sowohl emotional als auch körperlich ist die Person der Situation dermaßen ausgeliefert, dass sie keinen Ausweg daraus sehen kann. Die Situation wird als lebensbedrohlich empfunden, sodass in hohem Maße das Stresshormon Cortisol ausgeschüttet wird. Die natürliche Reaktion auf einen solchen Stressmoment ist, sich zu wehren oder daraus fliehen zu wollen. Ist das jedoch nicht möglich, schaltet das Nervensystem in einen Notfallmodus, um die Situation emotional überleben zu können. Der Mensch erstarrt. Das ganze Aktivitätsniveau wird runtergefahren und um sich selbst zu schützen, entzieht man sich innerlich der Überforderung. Der Mensch ist innerlich eingefroren. Ist die Gefahr vorüber, kann sich im Idealfall diese innere Spannung wieder lösen. Das Geschehene wird verarbeitet, indem Tränen fließen, darüber gesprochen wird und dem Betroffenen anschließend Schutz und Sicherheit gewährt wird.

Problematisch wird die Situation allerdings, wenn diese Anspannung ein Dauerzustand wird und sie sich nicht wieder lösen kann. Bleibt der Körper auf diesem Stresslevel und kann er sich nicht wieder beruhigen, werden solche Erlebnisse der Hilflosigkeit zu einem Trauma. Und dieses Trauma ist dann nicht mehr »nur« eine Reaktion auf ein Erlebnis aus der Vergangenheit, das abgeschlossen ist, sondern ein Geschehen, das im Jetzt auch noch so erlebt wird wie damals. Claudia Haarmann schreibt dazu:

> Auch wenn das Ereignis lange vorbei ist, hat der Körper das noch nicht verstanden, er bleibt in einer Form von Alarmzustand in einer Habachthaltung, weil er ständig auf eine erneute Gefahr ausgerichtet ist.[52]

In einem solchen Zustand kann der kleinste Auslöser an das ursprünglich traumatisierte Erleben erinnern. Scheinbar harmlose Handlungen triggern den Betroffenen, sodass er wieder im alten Geschehen gefangen ist. Es kommt zu einer Überforderung mit der Reaktion: Angriff oder Flucht. Hat der Betroffene die Möglichkeit, sich zu verteidigen oder auch anzugreifen, kommt es zu starken Überreaktionen, vielleicht in Form von verbalen Verletzungen und aggressiven Äußerungen. Oder er sucht im wahrsten Sinne das Weite, um sich aus der Situation zu retten. Geht das nicht, schaltet das Nervensystem wieder auf Erstarrung um – körperlich ist man dann zwar noch anwesend, aber innerlich nimmt man sich selbst aus der Situation raus und geht auf Distanz. Dieser Schutz ist wichtig, um seelisch zu überleben, aber er verhindert auf Dauer, dass Beziehungen gelingen können.

Bringt ein Vater oder eine Mutter eine solches Trauma mit in die eigene Elternschaft, kann das dramatische Auswirkungen haben. Möglicherweise sind ganz alltägliche Entwicklungsschritte oder Charaktereigenschaften des eigenen Kindes ein Trigger, der genau diese Reaktionen in dem Vater oder der Mutter auslöst. Wurde zum Beispiel eine Mutter als Kind immer übermäßig bestraft, wenn es mit Essen gespielt hat, sieht die Mutter rot, wenn das eigene Kind anfängt, mit dem Essen herumzuspielen. Eine angemessene und freie Reaktion ist der Mutter, die in diesem Moment durch ihr Kind getriggert wird, nicht möglich. Vielleicht brüllt sie ihr Kind an oder verlässt wutentbrannt den Raum. Oder aber sie geht in die Abspaltung und entzieht sich innerlich von ihrem matschenden Kind. Möglicherweise ist sie körperlich anwesend, wischt die Essensreste weg, bleibt aber innerlich bei sich, ohne dabei in Beziehung zu ihrem Kind gehen zu können. Sie selbst kann sich aus diesem Trauma-Gefängnis nicht befreien und ist mit großer Wahrscheinlichkeit auch nicht in der Lage, sich ganzheitlich auf ihr Kind einlassen zu können. Das kleinste Erleben im Alltag treibt die Mutter in die Distanz, sodass eine sichere Mutter-Kind-Bindung nicht möglich ist. Eltern mit einem solchen Hintergrund brauchen dringend Hilfe von außen, um die Zusammenhänge aufdecken zu können. Nur durch eine professionelle Traumatherapie kann das Erlebte richtig eingeordnet werden, sodass eine gesunde Beziehung zwischen Eltern und Kind möglich ist.

Der Heilungsprozess

Wer verletzt ist, verletzt auch wieder – leider oft die Menschen, die er am meisten liebt. Das sind die ganz natürlichen Muster, nach denen Menschen handeln und die durchbrochen werden müssen, damit echte Beziehungen möglich sind. Ein Heilungsprozess kann nur in Gang kommen, wenn diese Zusammenhänge verstanden werden und Vergebung ausgesprochen werden kann. Bei schweren Verletzungen in der Kindheit ist es oftmals nicht möglich, diese Schritte aus eigener Kraft zu gehen und die eigene Geschichte aufzuarbeiten, auch weil man als Betroffener oft nicht in der Lage ist, die Zusammenhänge so direkt herzustellen. Deswegen ist es unbedingt ratsam in einem solchen Fall Seelsorge und Beratung in Anspruch zu nehmen.

Thomas hat sich diesem Prozess gestellt. Nachdem die schlechte Beziehung zu seinem Sohn zunehmend die Beziehung zu seiner Frau belastete, suchte sich das Paar Hilfe bei einer Eheberatung. Infolgedessen begann Thomas, sich intensiv mit seiner eigenen Kindheitsgeschichte auseinanderzusetzen und nach und nach Ursachen dafür aufzudecken, warum es ihm so schwerfiel, seinen Sohn so anzunehmen, wie er ist. Er stellte fest, dass er selbst keine Annahme erlebt hatte und dass sein Sohn ständig diesen emotionalen Mangel spiegelte. Aus diesem Grund war ein normaler Umgang kaum möglich.

In den Folgejahren merkte ich: Diese bedingungslose Liebe, von der alle in meinem Umfeld sprachen, fehlte mir. Aber woher sollte ich sie auch nehmen? Meine Mutter wollte mich aus dem Fenster werfen, als ich neun Jahre alt war, weil sie nach der Trennung von meinem Vater als alleinerziehende Mutter in einer fremden Stadt hilflos überfordert war. Bedingungslos geliebt hat sie mich auch nicht. Als Sechsjähriger habe ich im dunklen Keller essen müssen, die Pommes wurden mir die Kellertreppe heruntergeworfen. Als Strafe, weil ich einen Zimmerschlüssel verloren hatte (der später wieder auftauchte). Für meinen Vater bestand Erziehung nur aus körperlicher und seelischer Gewalt. Rohrstock, Gürtel, die Faust ins Gesicht – was gerade in Griffnähe war. Als die Armbanduhr dabei kaputtging, sollte ich sie von meinem Taschengeld ersetzen. Nachdem sich meine Eltern scheiden ließen, heiratete mein Vater noch mal. Meine kinderlose Stiefmutter offenbarte sich als eine Frau mit einer bipolaren Störung, die von ihren traumatisierten Eltern durch die Flucht im Zweiten Weltkrieg aus Ostpreußen zur maximalen Unselbstständigkeit erzogen worden war. Ihr einziges Bedürfnis war, das Beste für sich selbst zu fordern. Nach dem Tod meines

Vaters, als ich 16 Jahre alt war, missbrauchte sie mich emotional für die Befriedigung ihrer eigenen Bedürfnisse. Unter dem Deckmantel, wie gut ich es bei ihr habe. Ja, der Kühlschrank war immer gefüllt. Aber das Herz war leer.

Dieser Einblick in Thomas' Geschichte lässt erahnen, welche Last er als kleiner Junge und Jugendlicher tragen musste. Er hat Verletzungen, Gewalt und Ablehnung erlebt, die jetzt in seiner Beziehung zu seinem Sohn zum Tragen kamen und erklären, warum sein Weg der Annahme kein leichter Weg war und immer noch ist. Aber Thomas lässt sich nicht unterkriegen. Mit professioneller Begleitung erkämpft er sich die Liebe zu seinem Sohn und erlebt in kleinen Schritten, dass seine Bemühungen im Herzen seines Sohnes ankommen.

Am Anfang nahm ich in der Beratung den Tipp mit, für Anton jeden Abend am Bett zu beten. Das erste Mal empfand ich es als komisch, mich abends ins Zimmer von Anton zu schleichen, nass-geschwitzte Haare zu streicheln und ihm zuzuflüstern, dass ich ihn lieb habe, und für unsere Beziehung zu beten. Besonders wenn Badetag war.

Nach ein paar Wochen brachte ich ihn morgens in den Kindergarten. Ich lieferte ihn an der Eingangstüre zum Gruppenraum ab, hängte seinen Rucksack an den Haken, sagte »Tschüss!« und ging. Ich hatte schon die Arbeit im Kopf, den Autoschlüssel in der Hand, als er mir zurief: »Papa, warte mal!« Ich drehte mich verwundert um, kam zurück, stellte mich in den Türrahmen und fragte: »Ja, was ist denn?« Er nahm mich plötzlich in den Arm und sagte: »Papa, ich hab dich lieb!« Völlig paralysiert, saß ich danach erst einmal zehn Minuten im Auto vor dem Gebäude und verbrauchte eine Packung Papiertaschentücher.

Aufgrund von ADHS ist Anton so anstrengend wie zwei Kinder. Locker. Und dann noch meine Vergangenheit obendrauf. Dennoch ist Anton das Kind, von dem ich am meisten (positiv) erzähle – über seine Witze, bei denen ich am meisten lache – und dessen Intelligenz und Gerissenheit mich am meisten fasziniert. Für ihn kämpfe ich mich durch Anträge bei allen Krankenkassen und Versorgungsämtern dieser Welt, um für Anton das Beste herauszuholen. Mein bescheidener Versuch, ihm meine Liebe zu zeigen.

Wenn man Anton fragt, was er mal werden möchte, dann gibt es nur einen Berufswunsch: »Chef-Ingenieur bei Porsche!« Schmunzelnd hole ich seine fünf alten Tupperdosen der vergangenen Woche aus seinem Schulranzen und bin davon überzeugt: Ich liebe mein Kind und wir haben eine bessere Beziehung, als ich damals zu meinem Vater. Er ist der Chaot, den ich so bitter gebraucht habe, damit ich den Weg zu meinem eigenen Ich finden konnte. Ohne Anton hätte ich diese Zeilen nicht schreiben können.

Ob wir eines Tages zusammen Porsche fahren, weiß ich nicht, und es ist mir auch nicht wichtig. Aber was ich weiß, ist, dass ich Anton das geben muss, was mir damals fehlte: Liebe. Und diese fehlende Liebe schöpfe ich aus Gottes Kraft.

Zwar ist auch heute der Alltag für Thomas nicht immer einfach. Es gibt viele Baustellen, die oft auch eine Überforderung darstellen, aber der entscheidende Unterschied ist, dass nun auch Liebe ihren Platz in der Vater-Kind-Beziehung hat. Geschichten wie diese zeigen, dass es Wege aus schwierigen und manchmal auch hoffnungslosen Lebensumständen gibt und dass es sich lohnt, immer wieder aufzustehen und den nächsten Schritt zu gehen. Dabei sind unsere Kinder die besten Lehrmeister und fordern uns heraus, uns mit uns selbst auseinanderzusetzen und beziehungsfähig zu werden.

EIN ERMUTIGENDES VORBILD: DAS VATERHERZ GOTTES

Auch wenn ich vor vielen Jahren den Weg der Annahme eingeschlagen und diese so wichtige Entscheidung für meinen Sohn getroffen habe, war unsere Beziehung danach kein Selbstläufer. So manche Baustellen blieben und immer wieder war ich gefordert, mich an meine Entscheidung zu erinnern und diese lebendig zu halten.

Für Jan blieb die Schulzeit mit ihren permanenten Forderungen eine große Belastung, sodass seine Entwicklung nicht gradlinig verlief. Als er etwa 15 Jahre alt war, hatten wir den Eindruck, dass er sich mehr und mehr stabilisierte. Er machte im schulischen und auch sozialen Bereich die eine oder andere wertschätzende Erfahrung, die seinem Selbstwertgefühl guttat. Aber insgesamt hat seine Geschichte doch tiefere Spuren in seiner Seele hinterlassen, als wir gedacht und gehofft haben. Nach seinem Abitur, das er mit einem enormen Kraftaufwand geschafft hat, ist er in eine große psychische Krise geraten, unter anderem, weil er spürte, dass er den Anforderungen, die das Leben und die Gesellschaft an ihn stellten, nicht gerecht werden konnte. Er verlor jegliche Zukunftsperspektive, zog sich völlig zurück und war emotional kaum noch zu erreichen. Jan machte die Nacht zum Tag, entzog sich unserem Familienleben und brachte uns damit alle an unsere Grenzen. Es wurde eine Depression festgestellt – und wieder mal war ich innerlich zerrissen: Einerseits litt ich mit meinem Sohn, der so ohne Hoffnung und unglücklich war, und andererseits empfand ich auch eine große Wut darüber, wie sehr er unser Leben beeinflusste und nicht zu bewegen war, unsere Hilfe anzunehmen. Nach einem Klinikaufenthalt lernte Jan eine junge Studentin aus einer 500 Kilometer entfernten Stadt kennen. Da er sich von ihr sehr verstanden fühlte, zog er zu ihr. Auf der einen Seite tat ihm diese Beziehung gut, weil er so sein durfte, wie er war. Auf der anderen Seite fehlte ihm in dieser Zeit leider eine ganzheitliche und kontinuierliche therapeutische Begleitung. Aus seiner Depression ist er nicht herausgekommen. Für uns Eltern war diese Zeit eine emotionale Achterbahnfahrt. Die altbekannten Gefühle waren wieder da: Sorge, Traurigkeit, Hilflosigkeit, Ungewissheit, aber auch Wut, Unverständnis und innere Rebellion bezüglich seines Weges. Unsere Entscheidung, dass eine wertschätzende Beziehung zu unserem Sohn immer die höchste Priorität hat, wurde wieder auf den Prüfstand gestellt. Sehr bewusst haben mein Mann und ich uns damals entschlossen, seinen Weg zu respektieren. Gott sei Dank ist uns das tatsächlich gelungen. Trotz unterschiedlicher Ansichten und Standpunkte war unsere Beziehung zu Jan nicht in Gefahr. An seinem 21. Geburtstag haben wir ihn besucht und wie immer über Gott und die Welt mit ihm geredet. Gespräche mit Jan gingen immer in die Tiefe und betrafen oft sehr existenzielle und grundlegende Themen – diese Gespräche waren häufig offen und herausfordernd, brachten aber immer eine Eigenschaft von ihm zutage, die ich an ihm sehr geschätzt habe: Tiefgründigkeit. In diesem Gespräch an seinem Geburtstag diskutierten wir über Liebe. Er fragte mich: »Hast du schon mal jemanden geliebt, obwohl es sich nicht so anfühlt.« Wie aus der Pistole geschossen antwortete ich: »Ja, dich.« In dem Moment war da Stille und ein tiefes Verstehen und dann sagte Jan: »Ja, das ist gut.« Für mich war das ein heiliger Moment, weil ich sicher war, dass Jan trotz all unsere Diskrepanzen tief in seiner Seele spürte: Die Liebe meiner Eltern steht niemals auf dem Spiel.

In der Zeit, als Jan nicht mehr bei uns zu Hause gewohnt hat, ist das sogenannte Gleichnis vom verlorenen Sohn für mich ein Bild geworden, das mein Herz in der Tiefe berührt und mich seitdem begleitet hat (Lukas 15,11-32).

Der eine Sohn trifft, warum auch immer, die Entscheidung, seinen Vater zu verlassen und seinen eigenen Weg gehen zu wollen. Und wie souverän reagiert in diesem Moment der Vater: Er zahlt das Erbe aus und lässt seinen Sohn ziehen – nicht aus Gleichgültigkeit, sondern aus Respekt. Wahrscheinlich war er innerlich verletzt, enttäuscht, aufgebracht oder sogar richtig wütend, aber er reagiert besonnen. Trotz der Empfindungen steht die Beziehung zu seinem Sohn nicht auf dem Spiel. Stattdessen wartet der Vater darauf, dass sein Sohn zurückkommt. Tatsächlich kommt es dann auch dazu, dass der Sohn sich entschließt zurückzukehren, weil sein eigener Weg nicht funktioniert hat. Und noch bevor sich der Sohn entschuldigen kann, empfängt der Vater sein Kind mit offenen Armen:

> Er machte sich auf den Weg und ging zurück zu seinem Vater. Der erkannte ihn schon von Weitem. Voller Mitleid lief er ihm entgegen, fiel ihm um den Hals und küsste ihn.
> *Lukas 15,20; Hfa*

Dieser Vers lässt darauf schließen, dass der Vater immer seinen Blick in die Ferne gerichtet haben musste, in der Hoffnung, dass das eigene Kind irgendwann zurückkommt. Was für eine Spannung muss mit dieser Erwartung und Hoffnung verbunden gewesen sein. Er kann sein Kind nicht zwingen zurückzukommen, sondern überlässt ihm die Freiheit, das selbst zu entscheiden. Denn nur auf dieser Grundlage ist eine echte Beziehung zwischen Vater und Sohn möglich. Er respektiert, dass sich sein Kind abgewendet hat und eigene Wege geht, immer mit der Bereitschaft, ihn wieder zu empfangen. Innerlich war er die ganze Zeit mit seinem Sohn verbunden, obwohl er so weit weg war, und er hat auf seine Rückkehr gewartet – vermutlich Tag für Tag. Für den Vater gab es den Entschluss: Die Herzenstür steht für mein Kind immer offen, egal welchen Mist es gebaut hat.

Mein Eindruck ist, dass es in dem Gleichnis weniger um den Sohn geht, der einen Fehler macht und verloren geht, sondern um das Wesen des Vaters, das von Barmherzigkeit, Vergebungsbereitschaft und einem weiten Herzen gekennzeichnet ist. Und was mich an diesem Gleichnis so begeistert und berührt, ist, dass unser Vater im Himmel genau so ist: Er wartet mit offenen Armen auf uns. Der Gedanke, dass Gott die Menschen liebt und auf uns wartet, wenn wir uns von ihm entfernen, zieht sich wie ein roter Faden durch die Bibel.

> Berge mögen einstürzen und Hügel wanken, aber meine Liebe zu dir wird nie erschüttert, und mein Friedensbund mit dir wird niemals wanken. Das verspreche ich, der HERR, der sich über dich erbarmt!
>
> *Jesaja 54,10; Hfa*

Gott hatte mit seinem Volk einen Bund geschlossen, der für ihn unauflöslich war. Darin zeigt sich, dass Gottes Wesen von Treue und Liebe durchzogen ist und durch nichts in der Welt erschüttert werden kann. Trotz aller Krisen, die sein Volk ausgelöst hatte, stand dieses Versprechen niemals infrage und Gott stand zu seinem Wort. Da ist immer das Ringen Gottes um sein Volk und die Perspektive der Versöhnung. Diese Liebe gipfelt dann darin, dass der Sohn Gottes in diese Welt kam, um die Menschen durch sein Sterben mit

Gott zu versöhnen. Jesus war getrieben von Liebe und ging bis zum Letzten, damit die Menschen mit seinem Vater in Beziehung sein können. Vor seinem Tod sagte er: »Niemand liebt mehr als einer, der sein Leben für die Freunde hingibt« (Johannes 15,13; Hfa). Sein Sterben ist ein tiefer Ausdruck von Liebe, die die Kinder Gottes mit ihrem Vater im Himmel verbindet. Und im ersten Johannesbrief wird im vierten Kapitel sogar formuliert, dass Gott Liebe ist. Mehr geht nicht. Wenn Gott nicht mehr lieben würde, würde er den Kern seines Wesens aufgeben (1. Johannes 4,7-21).

Genau dieses Vorbild Gottes hat mich immer wieder neu motiviert, meinen »Kampf« nicht aufzugeben. Wenn Gott sich so uns Menschen gegenüber verhält und seine Liebe immer aufrechterhält, möchte ich als Mutter versuchen, auch so zu handeln, wie mein Vater im Himmel es mir vorgemacht hat. Und so habe ich mich immer wieder neu mit Liebe bewaffnet, indem ich mein Herz mit Gottes Liebe gefüllt habe.

Jan war mit seinem Auszug auf eine gewisse Weise auf Abstand gegangen, dabei hatte er auch vielen Werten seiner Kindheit den Rücken gekehrt. Durch seine Krise konnte er vieles, was in früheren Zeiten seine tiefsten Überzeugungen waren, nicht mehr so sehen. Auch wenn das für mich schmerzhaft war, war es mir in all der Zeit immer wichtig, diesen Zweifeln mit Respekt und Achtung zu begegnen und diese Grundsätze zu leben:

- Meine Kinder sind willkommen und ich möchte ihnen mit Respekt begegnen, auch wenn sie nicht meinen Erwartungen entsprechen.
- Meine Arme sind für meine Kinder immer offen.

- Meine Kinder dürfen jederzeit zu mir zurückkehren, auch wenn sie Mist gebaut haben.
- Ich bin bereit, immer an der Beziehung zu meinen Kindern festzuhalten, so wie Gott uns das vorgelebt hat.

Bei uns gab es leider kein Happy End auf allen Ebenen. Wir konnten unseren Sohn nicht gesundlieben. Jan ist ein paar Monate nach seinem 21. Geburtstag durch einen tragischen Unfall gestorben. Für uns kam diese Nachricht damals völlig überraschend und es war ein großer Schock. Immer hatten wir gehofft, dass er eines Tages seine Krise überwindet, seinen Weg findet und sein Potenzial ausschöpfen kann. Daran hatten wir die ganze Zeit festgehalten und hoffnungsvoll nach vorne geschaut. Nun mussten wir ihn viel zu früh gehen lassen. Wir waren traurig und fassungslos über sein Schicksal und dass er nicht mehr das Leben auf der Erde genießen konnte. So viele Gaben hatten in ihm geschlummert, die sich nun nicht mehr entfalten konnten. Seitdem gehört die Trauer über den Verlust unseres Sohnes zu unserem Leben. Ich vermisse so vieles, was sein Wesen ausgemacht hat. Aber in mir trage ich die Gewissheit, dass ich ihn als meinen Sohn nicht fallen gelassen habe und dass er von meiner Liebe wusste. Genau deswegen und auch weil wir die Gewissheit auf ein Wiedersehen in der Ewigkeit haben, habe ich Frieden über unsere Geschichte. Bewusst habe ich Jan in die Hände unseres Papas im Himmel zurückgegeben. Wir sind nun eine Familie mit drei Söhnen, einer davon wohnt schon im Himmel.

Mein Weg mit meinem Sohn war von Höhen und Tiefen gekennzeichnet, aber am Ende kann ich sagen, dass die Liebe und die offenen Arme gesiegt haben. Im Sommer vor seinem Tod schrieb Jan mir diese Whatsapp-Nachricht:

Ich will euch noch mal sagen, dass ich euch lieb habe. Wir haben zwar einige Differenzen und Meinungsverschiedenheiten und so was. Aber trotzdem seid ihr meine Familie.

Ich konnte trotz aller Probleme und Unwägbarkeiten am Herzen meines Sohnes bleiben. Mein tiefer Wunsch ist, dass genau das auch allen Vätern und Müttern gelingt, die dieses Buch in die Hand genommen haben. Denn unsere Kinder sind es wert!

DANK

Danke an meinen Mann Jörg: Du hast zugehört, Tipps gegeben und es geduldig ausgehalten, wenn ich in manchen Zeiten gedanklich ganz in das Schreiben dieses Buches versunken war. Ich habe deine liebevollen Kaffeespezialitäten zwischendurch sehr genossen.

Danke an meine Söhne Tom und Micha: Ihr seid wunderbare junge Menschen mit Charakter. Hin und wieder gebt ihr mir Einblick in eure Erinnerungen mit eurem großen Bruder. Es ist so schön, dass Jan einen festen Platz in euren Herzen hat.

Danke an die Eltern, die in diesem Buch ihre Geschichten mit ihren Kindern geteilt haben: Durch eure Offenheit hat dieses Buch an Lebensnähe gewonnen.

Danke an Heidi und Eckhard Goseberg: Eure Erfahrungsberichte haben mein Herz vor vielen Jahren berührt und mich motiviert, mich in die Beziehung zu meinen Kindern zu investieren.

Danke an meine Lektorinnen: Michaela Wölfle, du warst von Anfang an offen für meine Gedanken und hast den Prozess kompetent begleitet und Mirja Wagner, du hast diesem Buch mit deinen konstruktiven Änderungsvorschlägen eine Menge Tiefe und Qualität geschenkt.

Danke an meine Familie und meine Freunde: Ihr seid ein wichtiges Netz in meinem Leben, das mich trägt. Besonders in schweren Zeiten wart ihr da – jeder auf seine Weise!

Und zu guter Letzt Danke an meinen Vater im Himmel: Du bist der Anker und das Licht meines Lebens!

HILFREICHE BÜCHER, LINKS UND ANGEBOTE

Es gibt viele sehr gute Bücher und hilfreiche Angebote für Eltern mit einem besonderen Kind. Die folgende Liste ist eine kleine Auswahl, die vielleicht bei einem ersten Schritt helfen und unterstützen kann.

Empfehlenswerte Bücher

- Tony Attwood: Leben mit dem Asperger-Syndrom. Von Kindheit bis Erwachsensein – alles was weiterhilft, Trias, 3. Auflage 2019
- Ross Campbell/Gary Chapman: Die fünf Sprachen der Liebe für Kinder, Francke-Buch GmbH, 15. Auflage 2008
- Joachim Kristahn: Stark mit AD(H)S. Gottes Potenzial für mein Kind entdecken und fördern, SCM Hänssler, 2018
- Mary Sheedy Kurcinka: Wie anstrengende Kinder zu großartigen Erwachsenen werden. Der Erziehungsratgeber für besonders geforderte Eltern, mvg Verlag, 2017
- Claudia und Eberhard Mühlan: Das große Familien-Handbuch. Ein Nachschlagewerk zu den wichtigsten Erziehungsthemen, www.muehlan-mediendienst.de, 2016
- Stefanie Rietzler/Fabian Grolimund: Erfolgreich lernen mit ADHS – Der praktische Ratgeber für Eltern, Hogrefe, 2. Auflage 2019
- Stefanie Stahl/Julia Tomuschat: Nestwärme, die Flügel verleiht. Halt geben und Freiheit schenken – wie wir erziehen, ohne zu erziehen, Gräfe & Unzer, 2018

Hilfreiche Links und Angebote

Folgende Links verzeichnen jeweils Listen von überregionalen Beratungsangeboten:

- https://www.team-f.de/de/beratersuche__459
- https://www.ignis.de/beratung-supervison/in-ihrer-naehe
- https://www.icl-institut.org/berater-seelsorger/
- https://bts-ips.de/beraterverzeichnis/
- https://www.acc-deutschland.org/beraterliste.html

Auf folgenden Webseiten gibt es hilfreiche Alltagstipps und Hinweise zu Seminaren und Veranstaltungen:

- https://www.mit-kindern-lernen.ch
- https://www.team-f.de/de/eltern-und-kinder__42/

(Alle Webseiten und Links wurden zuletzt am 14. 01. 2021 aufgerufen.)

ANMERKUNGEN

1 Die Geschichten, die verschiedene Eltern in diesem Buch teilen, zeigen: Es gibt andere Familien, andere Eltern, die in höchstem Maße herausgefordert sind. Vielleicht kannst du beim Lesen ihrer Geschichten aufatmen und spüren: Ich bin nicht allein. Zum Schutz der Privatsphäre wurden einige der Namen geändert. Manche Familien waren hingegen mit einer Namensnennung einverstanden, da sie das Thema schon des Öfteren offen thematisiert haben und ihre Kinder mit dem Teilen der Familiengeschichte einverstanden sind.

2 18. Shell-Jugendstudie, 2019, https://www.shell.de/ueber-uns/shell-jugendstudie/_jcr_content/par/toptasks.stream/157 070 834 1213/4a002dff-58a7a9540cb9e83ee0a37a0ed8a0fd55/shell-youth-study-summary-2019-de.pdf, S. 25 (zuletzt aufgerufen am 05. 02. 2021).

3 Ebd., S. 20.

4 Tobias Künkler/Tobias Faix: Zwischen Furcht und Freiheit. Das Dilemma der christlichen Erziehung, SCM R.Brockhaus, 2017, S. 56.

5 Claudia Haarmann: Kontaktabbruch in Familien. Wenn ein gemeinsames Leben nicht mehr möglich scheint, Kösel-Verlag, 2. Auflage 2019, S. 28.

6 https://www.wunschgeschlecht.com/(zuletzt aufgerufen am 05. 01. 2021).

7 Billy Elliot – I Will Dance ist ein Film aus dem Jahr 2000 des britischen Regisseurs Stephen Daldry.

8 Eberhard Mühlan: Einzigartig. Das Temperament eines Kleinkindes erkennen und fördern, MENANDER, 2014, S. 27 f. und https://www.spektrum.de/lexikon/psychologie/temperament/15 404 (zuletzt aufgerufen am 05. 02. 2021).

9 Eberhard Mühlan Einzigartig. Das Temperament eines Kleinkindes erkennen und fördern. MENANDER, 2014, S. 52.

10 Anja Constance Gaca/Susanne Mierau: Mein Schreibaby verstehen und begleiten. Der geborgene Weg für High-Need-Babys, Gräfe & Unzer, 2018, S. 35.

11 Mary Sheedy Kurcinka: Wie anstrengende Kinder zu großartigen Erwachsenen werden. Der Erziehungsratgeber für besonders geforderte Eltern, mvg, 2017, S. 23. In dem Buch findest du eine Liste von Merkmalen temperamentvoller Kinder.

12 Ebd., S. 27 f.

13 Behinderungen werden im Allgemeinen auf diese Weise kategorisiert (vgl. https:\\wikipedia.org\Wiki\Behinderung). Kritiker merken allerdings zu Recht an, dass diese Begriffe ausschließlich auf die Defizite verweisen und die besonderen Wahrnehmungen und Fähigkeiten übersehen. Das wird dem Lebensgefühl vieler Betroffener und Angehöriger nicht gerecht.

14 Die Namen wurden geändert, weil die Eltern zum Schutz ihrer Söhne anonym bleiben wollten.

15 Dr. Bettina Bonus: Mit den Augen eines Kindes sehen lernen. Band 1: Zur Entstehung einer Frühtraumatisierung bei Pflege- und Adoptivkindern und den möglichen Folgen, Books on Demand, 2006, S. 71–72 und Claudia Mühlan: Bleib ruhig, Mama! Tipps für die ersten drei Jahre, SCM Hänssler, 2. Auflage 2010, S. 12.

16 Bundesministerium für Familien, Senioren, Frauen und Jugend: Ungewollte Kinderlosigkeit 2020. Leiden – Hemmungen – Lösungen, https://www.bmfsfj.de/blob/161018/2027ee7422f420d004ebcb026bbb277b/ungewollte-kinderlosigkeit-2020-data.pdf, S. 6 (zuletzt aufgerufen am 05. 02. 2021).

17 Oliver Klasen: Jugendämter bringen immer mehr Kinder in Pflegefamilien, Süddeutsche Zeitung, 30. April 2019, https://www.sueddeutsche.de/leben/pflegefamilien-pflegekinder-jugendaemter-14427565 (zuletzt aufgerufen am 06. 01. 2021).

18 https://www.destatis.de/DE/Themen/Gesellschaft-Umwelt/Soziales/Kinderhilfe-Jugendhilfe/Tabellen/adoptionen-zeitreihe.html (zuletzt aufgerufen am 06. 01. 2021).

19 Holger Böckel: Glaubensentwicklung im Lebenslauf. In: Tobias Faix/Martin Hofmann, Tobias Künkler: Warum wir mündig glauben dürfen. Wege zu einem widerstandsfähigen Glaubensleben, SCM R.Brockhaus, 2015, S. 43 und https://de.wikipedia.org/wiki/James_W._Fowler (zuletzt aufgerufen am 05. 02. 2021).

20 Wilhelm Faix/Angelika Rühle (Hrsg.): Baustelle Pubertät – Betreten verboten!? Teenager verstehen und in Krisen begleiten, Hänssler, 2. Auflage 2007, S. 53 f.

21 Sonja Brocksieper: Mitspracherecht in der Familie. In: Tobias Künkler/ Tobias Faix/Damaris Müller: Frei erziehen – Halt geben. Christliche Erziehung für unperfekte Eltern. Ein Praxisbuch, SCM R.Brockhaus, 2017, S. 140.

22 Andreas Malessa: »Deiner Mutter bricht das Herz!« – wenn Kinder nicht mehr gläubig leben«. In: Tobias Faix, Martin Hofmann, Tobias Künkler: Warum wir mündig glauben dürfen. Wege zu einem widerstandsfähigen Glaubensleben, SCM R.Brockhaus, S. 153.

23 Ute Buth: Zwischen zwei Geschlechtern, Family, 16. 10. 2013, https://www.family.de/intersexualitaet/, (zuletzt aufgerufen am 07. 01. 2021).

24 Ebd.

25 Ross Campbell/Gary Chapman: Die fünf Sprachen der Liebe für Kinder, Francke-Buch GmbH, 15. Auflage 2008, S. 13 f.

26 Dirk Lüling: Vortrag »Beschämung, falsche Schuldgefühle und Minderwertigkeit« auf dem TEAM.F Regional- und Bereichsleitertreffen in Brotterode, 18. 01. 2020.

27 Laura Poupon: Die Suche nach dem sicheren Hafen. In: Spektrum Psychologie, 2/19, S. 26 f.

28 Sir Richard Bowlby: Die Bindungsbedürfnisse von Babys und Kleinkindern in Fremdbetreuung. In: Eva Herman/Maria Steuer (Hrsg.): Mama, Papa oder Krippe? Erziehungsexperten über die Risiken der Fremdbetreuung, SCM Hänssler, 2010, S. 146.

29 Karl Heinz Brisch: SAFE® – Sichere Ausbildung für Eltern, Klett-Cotta, 10. Auflage 2020, S. 12.

30 Zitiert nach: Jutta Hinke-Ruhnau: Fachberatung für die Kita-Praxis. Vom Bildungsplan zur Konzeption, Vandenhoeck & Ruprecht 20, 2013, S. 52.

31 Claudia und Eberhard Mühlan: Unser Abenteuer. Persönliche Einsichten aus mehr als 30 turbulenten Familienjahren, MENANDER, 2013, S. 60.

32 Joachim Kristahn: Stark mit AD(H)S. Gottes Potenzial für mein Kind entdecken und fördern, SCM Hänssler, 2018, S. 167.

33 Rudolf Dreikurs/Vicky Soltz: »Kinder fordern uns heraus«. Lizenzausgabe mit Genehmigung der Verlagsgemeinschaft Ernst Klett Verlag – J. G. Cotta'sche Buchhandlung für u. a. die Bertelsmann Club GmbH, Gütersloh 1964, S. 40.

34 Ebd., S. 60 f.

35 Ebd., S. 61.

36 Claudia Haarmann: Kontaktabbruch in Familien. Wenn ein gemeinsames Leben nicht mehr möglich scheint, Kösel-Verlag, 2. Auflage 2019, S. 249.

37 https://www.duden.de/rechtschreibung/Ideal (zuletzt aufgerufen am 12. 01. 2021).

38 Zitiert nach: https://www.zgedichte.de/gedichte/khalil-gibran/eure-kinder.html (zuletzt aufgerufen am 05. 02. 2021).

39 Mary Sheedy Kurcinka: Wie anstrengende Kinder zu großartigen Erwachsenen werden. Der Erziehungsratgeber für besonders geforderte Eltern, mvg, 2017, S. 88.

40 Zitiert nach: Emily Perl Kingsley: Willkommen in Holland, https://autismus-kultur.de/autismus/eltern/willkommen-in-holland.html (zuletzt aufgerufen am 05. 02. 2021). Den englischen Originaltext findest du auf folgender Webseite: https://www.emilyperlkingsley.com/welcome-to-holland (zuletzt aufgerufen am 06. 02. 2021).

41 Max Lucado: Leichter durchs Leben. Inspirationen aus Psalm 23, Gerth Medien, 3. Auflage 2005, S. 41.

42 Mary Sheedy Kurcinka: Wie anstrengende Kinder zu großartigen Erwachsenen werden. Der Erziehungsratgeber für besonders geforderte Eltern, mvg, 2017, S. 44.

43 Mary Sheedy Kurcinka: Wie anstrengende Kinder zu großartigen Erwachsenen werden © 2017 mvg Verlag, ein Imprint der Münchner Verlagsgruppe GmbH, München. Seite 44 https://www.mvg-verlag.de, All rights reserved. Mit freundlicher Genehmigung des Verlages.

44 Ebd., S. 42.

45 Donald W. Winnicott: Das Baby und seine Mutter, Klett-Cotta, 1990, S. 15 f.

46 Kai Mauritz: Der Apfel fällt nicht weit vom Stamm. In: Weißes Kreuz, Zeitschrift für Sexualität und Beziehung, Die Geschichte in uns – Transgenerationale Verstrickungen, Ausgabe 1/2018.

47 Karl Heinz Brisch: SAFE® – Sichere Ausbildung für Eltern, Klett-Cotta, 10. Auflage 2020, S. 40.

48 Ebd., S. 52.

49 Ebd., S. 53.

50 Stefanie Stahl: Das Kind in dir muss Heimat finden. Der Schlüssel zur Lösung (fast) aller Probleme, Kailash 2015.

51 Paul L. Plener/Klaus P. Rodens/Jörg M. Fegert: »Ein Klaps auf dem Hintern hat noch niemandem geschadet«. Einstellungen zu Körperstrafen und Erziehung in der deutschen Allgemeinbevölkerung, Bundesverband der Kinder- und Jugendärzte e. V., https://www.stiftung-kind-und-jugend.de/fileadmin/pdf/BVKJ_Kinderschutz_0616_Beitrag_Umfrage_2.pdf (zuletzt aufgerufen am 13. 01. 2021).

52 Claudia Haarmann: Kontaktabbruch in Familien. Wenn ein gemeinsames Leben nicht mehr möglich scheint, Kösel-Verlag, 2. Auflage 2019, S. 148.